U0580331

组 织 学 习 与 进 化 丛 书

Unlocking Leadership Mindtraps

How to Thrive in Complexity

走出心智误区

直面复杂世界的领导力

[爱] 珍妮弗·加维·贝格 著
Jennifer Garvey Berger

杨毅 译

北京师范大学出版集团
BEIJING NORMAL UNIVERSITY PUBLISHING GROUP
北京师范大学出版社

作者序

　　陈颖坚（Joey Chen）曾跟我说："如果你喜欢研究复杂性，就一定会喜欢中国的。""你以为你懂了，其实似懂非懂。"这一点他深有体会。陈颖坚是土生土长的香港人，他把我的第一本书《领导者的意识进化》（*Changing on the Job*）翻译成了中文。2019 年 4 月，为了庆祝我的书在中国发行，同时举办了面向读者和客户的研讨会，我们一起踏上了期盼已久的中国之行。我一边思索这些理念如何在中国落地，一边对目之所及充满了好奇。

　　那是一个清晨，我和陈颖坚在杭州沿着湖畔步行，当时我们正要去见一群高管，那些高管正面临着日益复杂的挑战。湖水在春日阳光的照耀下泛起粼粼波光，公园里到处都是进行各种活动的人，我这个来自西方的外国人被此情此景所吸引。这些人和景，展现着人类的生活之道，吸引了我的眼球。当陈颖坚和我一起穿过熙熙攘攘的人群时，我被雕刻精美的龙舟迷住了，它张开的大嘴像美丽的邀请。生活何尝不是如此。一位老妇人在树下跳舞，她粉红色的遮阳伞和随风飘扬的连衣裙很相称，她独自起舞纯粹是为了快乐，这让我想到，人类对美和优雅的追求是相通的。然而，真正让我驻足良久的是在路上写地书的老人，这或许就是人类行为的本质：将文字作为一门艺术，刻苦练习，挥"毫"泼"墨"，然后字迹在阳光的照射下消失得无影无踪。我本可以就这样看上一整天，但无奈陈颖坚和我还得去参加研讨会。

　　《走出心智误区》这本书的英文版刚出版，我们在湖边会议室里谈论的话题正是这些心智误区。心智误区的研究大部分是在西方国家进行的，我正在思考该通过何种方式将心智误区的技巧应用到我身边的这些领导者身上。我与这些领导者，还有我出色的译者一起，就这些"心智误区"的理念在中国是否受读者欢迎，或者我呕心沥血写下的文字是否会受到重视进行了非正式研究。我们得出的结论是积极的。高管们给我讲了自己陷入心智误区的经历，这些经历有时让我的译员笑得太厉害以至于没法快速翻译了。这样看来，无论哪里，人们似乎经常陷入心智误区中，而且自嘲是人类共同的品质。

2019 年 4 月，虽然我没有完全掌握让心智误区的理念应用到中国读者的生活中的技巧，但我看到了一种可能性，即我的方法可能会帮助人们做出不同以往的、更有利的选择。我是有机会将我的理念传播到新的彼岸的，这一点令我备受鼓舞。

之后，当杨毅（Jade Yang）费尽心力完成了《走出心智误区》的中文翻译工作之时，新冠疫情影响了我们的生活，这要求我们用一种全新的视角来看待周围复杂性和多变性的环境。如今，情况越发复杂，这让我们难以应付自如。如果说杨毅的翻译是跨语言的，那么我的创作就是跨环境的。以下是我数年来所学到的关于领导者心智误区的知识，以及当复杂成为常态时，这些技巧如何能够帮到我们。

心智误区会暴露我们的短板，引人自嘲

《走出心智误区》这本书提供了一种思路，让我们能够看清自己的一些思维方式和行为方式，否则，这些会被我们自己隐藏得很深。心智误区多是无意识的思维冲动，其系统自洽，自成一套，通常情况下难以为人察觉。问题是，在简单情况下，非常有用的无意识思维，在复杂的情况下可能会将我们引入歧途。而且，当我们意识到不对劲儿后，我们会感到羞愧，进而害怕谈及自己似乎无力改变的一面。

但心智误区的相关知识告诉我们，我们可以把短板看作人类本性之一，人人都有短板，所以我们不需要感到羞愧。如果大家一起讨论这些短

板，多数人会觉得颇为有趣。

这些年，我一直观察了解心智误区是如何帮助人们分享自己的经历，在一起自嘲的。这类话题能迅速引起共鸣，让气氛活跃。当我们说："看看我是怎么自己挖坑自己跳的！看看我是多么普通的一个人！"我们得到的反馈是："我懂，我也这样。"然后大家齐声附和："我也是！""我也是！""我也是！"

在某种程度上，这让我们可以谈论其他尴尬的事情而不会感到羞愧。如此，我们可以放下长久以来困扰着我们的那些感觉不怎么对劲儿的事情，并消除在自我质疑时可能会出现的抵触心理。了解心智误区帮我们认识到自己的情况是正常的，人皆如此。人人都有短板，如果愿意，我们可以有意识地开始改变。

你在读这本书时，可以感受一下，这些心智误区的技巧是否会让你将自己看得更透彻，明察自己好的和不好的一面。

专注于走出一个心智误区，可以给我们带来质的改变

作为领导，的确会有工作堆积如山的时候。尽管我很乐意在所有的重要方面都做出改变，但仅仅是列出所有改进计划，就让我心生退意，这也是事实！在过去的几年里，我发现，虽然所有的心智误区都会不时地给我造成困扰，但却有轻重程度之分。我的做法是专心处理好当前工作中造成最大困扰的误区就好，而且看看自己如何运用本书中的一些技巧走出心智误区，更快地找到解决办法。虽然这并不意味着我从此能轻松应对心智误区，或者不会再次中招，但一次只关注一个问题的确能让我定心，而不是被遥不可及的目标所困。

我发现我服务的领导者多多少少都有这些挑战。31 项能力列表或最新的 360 度领导力考评得分，有时会让领导者对他们所需要做出的改变感到迷茫，甚至气馁。思考心智误区不会减少摆在我们面前的工作量，但它可以明确目标，让工作变得有意义。例如，一位领导者反馈，自己需要做出

改变的方面包括：不与他人分享信息，过于依赖自己的解决方案，事无巨细地管理自己的团队等。这样的清单会让人筋疲力尽。但他若能专注于对他人的控制这一项心智误区，一切便会迎刃而解。有时候，找对一个特定的心智误区，会成为解决困扰我们的一系列问题的关键。

读这本书的时候，认真思考，找到最让你困扰的心智误区，随之把更多的注意力放在这个方向上。我们不可能将心智误区从生活中完全排除，但却可以减弱它的影响。

走出心智误区，提升团队交流质量，让彼此间的反馈更为畅通

自该书出版以来，最让我惊喜的事情莫过于发现走出心智误区能够提升团队潜力，我在很久以前就注意到了这一趋势，而它的重要性在近期的困难中才真正显现。心智误区对团队交流的影响主要体现在三个方面。

其一，让团队成员形成自我监督意识：对于重要的沟通，团队中的任何成员都可以对沟通过程进行监督，看是否存在对项目本身很不利的心智误区，进而开启一段所谓“站在露台上”的对话（针对沟通过程而非沟通内容进行的交流），如此可以暴露那些不利于沟通的因素，让沟通走上正轨。沟通方式得当了，人们才能做出正确的决策。

其二，让团队成员互相反馈彼此的心智误区。当局者迷，旁观者清，互相提醒可以避免团队成员在做决策时一意孤行，团队成员继而可以参考其他人给出的反馈意见，看看自己是否需要做出改变。

其三，也是最意外的一点，当一个团队对心智误区有了觉知后，团队成员之间相互反馈的质量会普遍提高。比如，有人会说：“我可能简化了故事，但我注意到你不像以前那样关注企业文化了。”或者说：“我发觉上次谈话中我是因为陷入了心智误区才认同了你的观点，现在我有一个不同的观点。”大家在了解心智误区后，关于自身短板和差异的沟通在一定程度上会变得更容易一些。

不积跬步无以至千里，这三个要素就是我们的一小步：发现自身短板

并一笑置之，让改变更为可行，让团队更好地决策和交流。我费尽心力写这本书，杨毅不辞辛苦地将其翻译成中文版，我们的初衷就是相信这些理念会让人们的生活变得更好、更轻松。我们相信，实践了以上三点后，在你与身边人打交道时，你与他们的关系会更为深入，交流也更顺畅，并能在日益复杂的世界中做出更好的选择。在一个人人不堪复杂，倾向于简单化的世界里，这本书给我们带来的可能性不可小觑。

无论何时，当您捧起我与杨毅的这本心血之作时，欢迎您继续对心智误区进行研究，看看在您所在的地方，心智误区是否也如我所在的地方一样普遍，我们欢迎您随时进行反馈，如有错漏之处，也敬请指正。在这条不断成长和了解我们自己和彼此的道路上，愿我们每个人都能享受生活中的优雅和美，不管手中是否有那把粉红色的遮阳伞。

法国

2021 年 8 月

推荐序①

　　2017 年《领导者的意识进化》出版了。从来没想过它会受到如此的欢迎，更不用说书的多次重印，这超出了我与益群的意料。也是这本书的出版，让我终于在 2018 年决定肩负起作为推广成人发展理论（adult development theory）旗手的责任。近 4 年过去了，《领导者的意识进化》已经成了一本懂得"自己走路"的畅销书，即自己有自己的发展轨迹和方式。同样令人感恩的，是见证了大量读者，包括好友、同道对成人发展理论的认真探求，这也让我与同门杨毅（本书译者）有了在北京相遇的机会。

　　成人发展理论有很多派系。在《领导者的意识进化》的序言中，我已经交代过我独爱凯根的"主—客体建构"（subject-object constructivism）取向。它承接着皮亚杰（Piaget）的认知发展建构理论，以优雅的方式呈现了心智的变革历程。但理论无论如何漂亮，也得践行才能有效证明主客体理论的可行性。这些年来，珍妮弗（Jennifer Garvey Berger）对凯根理论的实践、改造及伸延才是对它最可贵的践行，在某种程度上，这本小书也就是这些经验的沉淀。珍妮弗私下曾跟我说过，她有两项天生的才华：一是对时差的适应，她可以在零补眠的状态下适应不同地区的时差，这一点我是见证过的；另一项才华是学术研究，她是天生的学者（born to research）。但我实在无法验证她的天生学者的说法。通过对珍妮弗多年的

---

　　① 陈颖坚（Joey Chen），future shapers academy 创始人，资深组织发展顾问，《领导者的意识进化》《重塑组织》（插图版）等书的译者。

观察，我只能说，她是近乎完美的理论实践者，也是我所羡慕的反映式实践者（a reflective practitioner）。她每时每刻都在思考如何让凯根的主—客体建构理论变得更易于学习与实践。

自《领导者的意识进化》出版以后，珍妮弗开始走进那些复杂无比的大企业里，开始清楚地看到领导们的当务之急，看到领导者是如何走进复杂的境况和提升自身复杂的能力的。瞬间，珍妮弗与团队共同聚焦在如何让领导者在 VUCA 区域中做得更游刃有余。结果她的公司 Cultivating Leadership 在这方面取得了空前的影响力。这也是为什么现在你能说得出的顶级大企业，都争相邀请她到企业里分享她与团队的实践经验。

继《领导者的意识进化》之后，珍妮弗再次以优美的文字，伴以更为简洁的书写结构，用不过一百多页的小书形式，提醒领导者必须留意的五种心智"偏见"。最为"美妙"的是，无论你的意识阶段发展到哪个阶段（哪怕你认为自己已经处于内观自变阶段了），你也会必然地走入这些偏见带给你的误区中，用更简单的一句话就是，只要你是地球人，你就有犯这些错的基因！这是演化的结果，无人能幸免。

这样说来，本书提出的五个"心智误区"（mindtraps），就是在管理者不熟悉的复杂环境里，藏着给领导者已经布置好的"雷阵"。带着这五种偏见进入调适性的领导工作，我们很容易陷入一些自圆其说但又似是而非的怪圈里。最可怕的是，我们的不以为意感染着所谓"熟练的无能"，让组织慢慢养成了一种所谓"习惯性防卫"，这才是领导工作之大坑。久而久之，积习难返。组织再也没有破旧立新的创造力了。因此，我认为《走出心智误区》是对管理者极为重要的温馨提示。这本书犹如专为领导者而写的《思考，快与慢》一书，但不同的是多了针对领导力的工作所提出的最为宝贵的行动建议，这令这本书一下子又成了亚马孙上的连续五星级畅销著作。

珍妮弗再一次帮助我们直面不会不犯的心智误区，综合了实践与理论，为领导者带来方便的轻阅读。因为它的轻，可以让它常伴你左右，一再提醒你，这些误区是铺天盖地地渗透在我们生活的每个角落里的，也因为对这些误区有了越来越敏锐的感知力，我们的心智结构才有越来越多被扩容的空间。这不正是很多喜欢《领导者的意识进化》的读者想要学习的意识进化吗？

鸣谢

说到珍妮弗的团队，我们真的很幸运能够由杨毅这位才华横溢的小师妹负责这次的翻译，有她作为珍妮弗这次的"说书人"，我十分放心。杨毅是曾经在澳大利亚跟随珍妮弗一起工作的唯一华人伙伴，现在已经回国并且成了另一位成人发展路上的好旗手，她致力于将珍妮弗所改造的凯根的"成长边际（Growth Edge）访谈法"带到国内，帮助我们培养更多成熟的"好手"出来，以壮大这个必然会蓬勃发展的成人发展趋势。除了我对这位同门的完全信任的交托外，我更高兴的是以这本书的出版来带出杨毅的出场。中国国内的成人发展，肯定会热闹起来，重点是中国国内有没有高水平的同道来守住成人发展的宗旨：欣赏不同心智层次的美并包容其可贵之处。

当然，最后我永远不会忘记我们的周益群主编作为这一系列成人发展工作背后的仆人式服务，有了她的支持，我们才有可以行动起来的阵地。感恩，也感激她！

中国上海

2021 年 8 月

译者序

改变人生轨迹的相遇

2013 年是改变我人生轨迹的一年，那一年我在悉尼遇到了珍妮弗·加维·贝格。而后，在珍妮弗的心智结构访谈（Growth Edge Conversations）课上结识了从香港来进修的陈颖坚。从那之后，他们便成了我生命中的良师益友。

我有一个职业身份，就是在澳大利亚心理学委员会（Psychology Board of Australia）注册的心理学家。遇到珍妮弗的时候，我在澳大利亚从事心理医生的工作，在一家私人诊所为国防部的水陆军人和退役军官们提供心理辅导和职业发展规划与咨询服务。在那之前，我的工作对象是监狱中的和假释的犯人，帮助他们远离犯罪，重塑自我，在人生的道路上重新做选择。我无论面对的是犯人还是军人，都为他们不同寻常的经历唏嘘不已，他们之中有的自幼家破人亡成为遗孤，颠沛流离，寄人篱下，遭受身心的摧残与侮辱；有的曾眼睁睁地看着情同手足的战友在自己怀中奄奄一息，直至生命的结束。他们曾经极度无助与痛不欲生的经历让我意识到，人在面对残酷现实的时候，往往是多么脆弱、渺小。

当然，你也许会问：犯人和军人有很大区别吧？毕竟前者做的是危险而错误的，而后者做的是伟大而正确的。从法律和社会规范的角度来看，的确如此。但深入本质来思考，他们被赋予的"身份标签"后面的那个"人"，有很多相似之处。我辅导过的大多数人都对生活有着美好向往，他们为自己的无助感到愧疚和沮丧，沉溺在负面情绪里不能自拔。我深谙习惯对人格塑造的影响，在环境的影响下，人从幼儿起就开始建立并逐渐完善了一套自己的思维方式和生存模式，成年之际再要改变谈何容易！即使意识改变了，行动力是否能够跟随得上？在环境不变的情况下，新的习惯能真正地养成吗？

带着这些问题，我开启了一段探索之旅，满怀着好奇心，探寻新的可能性。在我参与的诸多课程中，我被珍妮弗深深地吸引了，令我折服的不仅仅是她广博的学识，行云流水的文采，更是她知行合一的状态。她当时教授的课程是成人发展理论和领导力。她对成年人发展理论和心智结构的见解，让我从一个全新的维度看到了人性的无限潜能。原来我们可以通过认识和提升自己内在的丰富性与复杂性，来更优雅地面对丰富、复杂的外部世界。而我们自己就是解锁人生奇迹最宝贵的资源！

从此，我追随珍妮弗，甚至住进了她的家里，和她的创业伙伴们一起，走进了他们的客户。我当时就许下了一个宏愿：希望通过为世界上的领导者赋能，助力他们营造更有人文情怀的组织，让社会资源分配得更加合理，为社会带来更深远的价值影响。当我们将更多的注意力放在人性的光辉上时，这个世界就会少一些破碎的家庭，少一些战争冲突，少一些由此产生的痛苦人生。

这是一个不小的梦想。我深知这不是一个人，甚至一个组织就能够实现的。但令人欣慰的是，我看到当今越来越多的顾问、企业家、高管团队在将成人发展理论及领导力的理论付诸实践时，用自己的人性之光点亮世界，给人们的梦想带来无限希望。

心智误区不是缺陷，而是机遇与财富

当我从曾经服务过的人群出发，将自己的专业知识扩展应用到组织发展和高管赋能的领域中时，我愈加发现，无论在海外，还是在国内的组织体系中，人们总在试图用有限的已知去理解无限的未知。正如珍妮弗在书中所言，人类天生就倾向于简化故事，渴望被接纳，试图掌控，因为我们凭本能好不容易才把自己对这个世界的认知概念化、模块化，并成型了一套自己的精密体系和程序，用起来驾轻就熟，甚至我们可以不假思索，对其确信不疑。

在成人的世界里，"看起来"像模像样似乎尤为重要。这种"我行"的人物设定，不断定义着我们，驱动着我们，也局限了我们。我们在陷入模式化思考的时候，往往会忽视内心的感受，无暇感知自己是谁，以及在成为谁。想想看，如果我们不再将能量用在掩盖自身的不足，去证明自己更胜一筹上，而是用来探索与做出新的尝试，那么，我们的生活与工作将会有怎样的不同？

虽然心智的提升与我们的本能反应相悖，但是我们一旦尝到了蜕变带给我们的由衷喜悦、满足与幸福感，就会更加义无反顾。当我们轻轻地、一层层地卸下自己沉重的、穿戴了多年的盔甲时，我们恐怕会感到不安，甚至彷徨。对于这种不安，我深有同感。在向珍妮弗学习的过程中，我将自己积累了多年的职业经验，和对自己与世界的认知，一层层剥落，顿时，我惊恐地发现，自己仿佛一无所知。而正是这种一无所知，让我重拾对生命的好奇心，回到原点，重新建构与整合自己认识世界的方式。在这个过程中，我从内心出发，以己推人，重新感知自己和自己所在的这个世界，内心的焦虑渐失。这种"觉知"的喜悦难以言表，我恍若新生。

而我的蜕变，就是一个不断看见人性，包容人性的过程。我还在路上，也诚邀您，与我一起探索人性的丰富与伟大。我们一起，从珍妮弗提出的五个心智维度出发，带着好奇心，看自己是如何重新认识自己和这个世界的。愿您和我一样，在这个过程中，少一份对自己的苛责，多一份对自己的接纳，在接下来的人生道路上，将珍贵的心力聚焦在更有价值的人生目标上。

所以，心智误区不是缺陷，而是蜕变的机遇，它帮助我们挖掘自身内在的资源，以更丰富与广博的视野，再次使自己与这个世界相遇，发现新的可能性。杨绛先生曾说，人（也就是"我"）是需要受到锻炼的，锻炼的是肉体，而提升的是精神。了解自己的心智状态和心智结构是一程丰盛的精神之旅。无论你处于人生哪个阶段，身处哪个位置，都会有所收获。
请您与我一起，探索精神之旅吧！

中国北京

2021 年 8 月

献　辞

内奥米·凯瑟琳（Naomi Catherine）和艾丹·詹姆斯（Aidan James），感谢你们带给我的一切。希望这本书让你们和这个世界变得更加美好。我爱你们，天地可鉴，日月为证。

致　谢

在之前出版的两本书里，我对曾经启发过我的作家和思想家们表示过感谢。在这本书里，我要再次向他们致谢。我在伦敦的新公寓里写下这番感言时意识到，人与人之间的深情厚谊对我至关重要。我感恩与各位行业翘楚结缘：罗伯特·凯根（Bob Kegan）、比尔·托伯特（Bill Torbert）、鲍勃·安德森（Bob Anderson）和戴维·鲁克（David Rooke）。他们是我的良师益友。我很珍惜与你们在一起的时光，以及从他们身上收获的知识和友谊。我特别感谢我亲爱的朋友道格·西尔斯比（Doug Silsbee），他没等到阅读这本书的手稿就与世长辞了。他的创意和精神融入我心，贯穿这本书，将伴随我一生。

与我共同创办 Cultivating Leadership 这家公司的同事们一直以来是我灵感的源泉，在他们的大力支持下，我完成了先前出版的两本书。这本书里的想法随着公司的成长而逐渐成形，与此同时这些珍贵的朋友和同事们的观点、想法与反馈也成为我思想的一部分。感谢安妮·尼格尔（Anne Nagle）、卡罗琳·考夫林（Carolyn Coughlin）、吉姆·威克斯（Jim Wicks）、基思·约翰斯顿（Keith Johnston）、帕特里斯·拉斯莱特（Patrice Laslett）、温迪·比特纳（Wendy Bittner）和扎弗·阿奇（Zafer Achi），他们与我并肩率领公司前行，拓展了我的思路，帮助我在错综复杂的情形下，发现并摆脱心智误区，带领公司前进。感谢戴安娜·曼克斯（Diana Manks），乔伊·吉耶（Joy Guilleux）和丽贝卡·斯科特（Rebecca Scott），他们如催化剂一般，让我的生活日渐美好。我不知道你们是如何做到的，但我希望我们能继续结伴而行。感谢苏·奥戴（Sue O'Dea）和塔尼娅·詹姆斯（Tanya

James)鼓励我将家庭生活的场景也纳入案例分析。感谢卡罗琳·考夫林给予我思想上和心灵上的陪伴。感谢凯瑟琳·奥沙利文(Kathrin O'Sullivan)，她曾经是我忠实的客户，现在是我的好同事。她阅读过这本书的草稿并提出了宝贵的建议，帮助我渡过自我怀疑的阶段并完成了创作。帕克·米切尔(Parker Mitchell)是我在 Cultivating Leadership 的同事，也是他自己初创公司的首席执行官。他的问题"如何将影响力扩大十倍?"时而让我抓狂，却总是很有帮助。我要特别感谢温迪·比特纳，她独具慧眼，以饱满的热情反复阅读本书。在我还不自信这本书可以面世的时候，她就与明迪·丹娜(Mindy Danna)、基思·约翰斯顿和客户服务团队的其他成员，根据书里的内容创建了一套领导力课程。我与基思·约翰斯顿的合作改变了我的一生。尽管他不是这本书的合著者，但我希望他的严谨与幽默，能在这本书的字里行间体现出来。扎弗·阿奇让我始终保持专注。我写一页，他就读一页。他鼓励我格局要大，表达要连贯流畅，要更努力地钻研文献。他明智的建议使本书里的知识体系更加完善。但最为宝贵的是，他坚信这些想法可以改变世界。

客户永远是我灵感的来源，就这本书而言尤为重要。感谢他们一直以来的支持，他们的支持让我的创意来得更快，更有针对性，对世界更有帮助。我要特别感谢艾莉森·帕林(Alison Parrin)、伊埃拉·阿塔诺夫(Ciela Hartanov)、布赖恩·格拉泽(Brian Glaser)和凯伦·梅(Karen May)以及 Google 领导力学院的所有人。他们阅读了早期手稿，并给我提供了创意和灵感。我还要感谢斯图尔特·欧文(Stuart Irvine)和鲍勃·巴伯(Bob Barbour)及整个 Lion 团队，Agios Pharmaceuticals 的梅丽莎·麦克劳克林(Melissa Mclaughlin)和戴维·申凯恩(David Shenkein)，Climate KIC 的克尔斯滕·邓洛普(Kirsten Dunlop)。他们的领导力启发了我，激励我将想法付诸笔端。McKinsey 的迈克·维罗(Mike Vierow)和约翰·莱登(John Lydon)勇敢地实践了这些新的想法，让我们为 McKinsey 在澳大利亚和新西兰的高潜力领导者，设计了一套基于心智误区的课程。还要感谢我曾经提供过高管教练服务的客户们，他们的故事隐藏在这本书的许多案例之中。虽然他们的姓名隐去了，但是他们的努力与成功，比任何理论或书籍教给我的领导力知识都要多。这本书源自他们，也是为他们而写。

我也要感谢其他看过这本书的草稿的朋友们：莫里斯·阿尔福德（Maurice Alford）、克里·阿什克罗夫特（Kerrie Ashcroft）、德斯利·洛德威克（Desley Lodwick）、大卫·梅特尔（David Metherell）、科尼利斯·塔尼斯（Cornelis Tanis）和马尔科·瓦伦特（Marco Valente）。这是我第一次用 Google Docs 在线分享草稿。看到他们尝试新标题、新想法、新措辞，为了推敲文字而相互切磋交流，我觉得很有趣。玛戈·贝斯·弗莱明（Margo Beth Fleming）是我两本书的编辑。我很荣幸和她成了朋友。虽然她已经踏上了新的征程，但是还要感谢她对这本书的指导和对我的支持。史蒂夫·卡塔拉诺（Steve Catalano）是我在斯坦福的新编辑，他一直对这个项目充满信心。他对这个项目的热爱几乎不亚于他对海上皮划艇的痴迷。我还要感谢杰夫·怀尼肯（Jeff Wyneken）对文案进行的谨慎的编辑，还有苏纳·朱恩（Sunna Juhn），他在出版前确保没有细节被遗漏。

在这不寻常的时刻，我想表达特别感谢。我感谢在我的创作过程中，帮助我恢复健康的医疗团队。两年前，在确诊乳腺癌局部复发的前一晚，我在日记中写下了创作这本书的想法。我在为四次手术做准备，以及在放疗候诊室康复期间，完成了这本书。斯坦·戈文德（Stan Govender）是我的外科医生，他的医术和善良让我赞叹不已，尽管我们都不愿一次又一次地在手术室里见面。马克·伦内克（Mark Renneker）和基思·布洛克（Keith Block）是我的肿瘤综合治疗团队，致力于攻克癌症的奥秘（癌症为什么会复发？），帮助我改善饮食和生活方式，摆脱癌症，恢复健康。他们给了我指引，更重要的是，他们给了我希望。惠灵顿医院血液和癌症中心（Wellington Hospital Blood and Cancer Centre）以及放射治疗部的工作人员，尽力治愈我的身体，抚慰我的心灵。一句欢快的"早上好，亲爱的！"可以让我灰暗的心情瞬间变得明亮起来。黛比·英厄姆（Debbie Ingham）是我的家庭医生，用热情和无限的精力统筹安排了这一切。我亲爱的朋友梅丽莎·加伯（Melissa Garber）几乎在我每次接受放射治疗的时候都来陪伴我，想尽办法给我带来欢笑，化解我心中的恐惧。而且这位挚友在我最需要心灵慰藉的时候拿到了她的临床心理学博士学位，这是多么美好的巧合啊！总的来说，我在新西兰公共卫生系统的经历让我感到不可思议。我感谢我移居的国家和这里医生的关心和支持。

吉姆·加维(Jim Garvey)读过本书，尽显他作为作家的细腻和作为父亲的深情。杰米·康斯尔·加维(Jamie Council Garvey)和塔玛拉·埃伯莱因-加维(Tamara Eberlein-Garvey)是最初激励我写这本书的人。我当时想，我竟然还没有写出一本让这两位才华横溢的女士都喜欢的书，我需要好好地补救一下(希望现在我已经做到了!)。凯瑟琳·菲茨杰拉德(Catherine Fitzgerald)是我的引路人，带我进入了这个我热爱的行业。我的幸运不言而喻，因为我的母亲既是我的同事，又是我的导师。

我可以把迈克尔·加维·伯格(Michael Garvey Berger)列入上述任何一个名单中，但我仍然要用一个独立的段落来表达感谢。他是我在Cultivating Leadership 的同事，是医院床榻边上的守护者，也是我生活中的伴侣。他时常放下手头的工作，不厌其烦地反复阅读这本书的枯燥乏味的草稿。如果我们在 30 年前第一次约会的时候凝视未来，肯定无法想象生活会是现在的样子。感谢你和我风雨同舟，向我展示了成长与爱是如何为我们搭建通往崭新未来的阶梯的。

最后，感谢我的孩子内奥米(Naomi)和艾丹(Aidan)。我写博士论文的时候，你们还趴在地上涂鸦。我写《领导者的意识进化》时，你们还在学习识字。我与基思·约翰斯顿合著《复杂时代的简单习惯》(Simple Habits for Cemplex Times)时，你们上了高中。这本书出版的时候，你们已经在读大学了。我的写作伴随着你们的成长。我放在餐桌上的笔记本电脑是你们熟悉的伙伴。这是你们第一本以草稿形式阅读的书，是第一本你们和朋友谈论的书。你们告诉我这也是第一本让你们的生活变得更美好的书。在我的生命里，你们是我最大的骄傲。这本书献给你们。

导　言

　　这本书缘起于西雅图的一场聚会。当时有两位聪慧的女士告诉我，读了我先前出版的两本书，她们已经充分地意识到世界的复杂性，但光靠自己的能力想驾驭这种复杂性，难度似乎很大。这无疑给我提供了一个极好的命题。在接下来的几个月里，我与数十位领导者进行了深入交谈。我谈到了自己的一些经验和领悟，这是我在这个日益复杂的世界里挣扎成长的心路历程。这些被现实压得喘不过气来的领导者希望我能够将自己的心得总结成一些简练易操作的方式方法，帮助他们提高领导力。我决定接受这个挑战。

　　我重新翻阅了自己为领导者和组织提供教练及顾问服务的数千小时的笔记，拿出过去10年曾经读过的每一本书、每一篇科研论文，冷静地分析提炼那些最有帮助的观点与实践方法。最终，我欣喜地发现，尽管我们在处理复杂问题时会出现五花八门的失误，但这些失误基本上可以归纳为五种心智误区，这也是本书的重点。

　　无论你如何定义自己的领导力，你手中的这本斯坦福大学出版社的"小书"都是为你而准备的。不管你是初级管理者，还是资深高管，即使你专注的仅仅是自己的生活，你也会发现工作或生活正在变得愈加复杂，愈加难以预测和混乱。或许你还察觉到，你面对复杂世界所做出的反应时常让你误入歧途。那么这本书的目的就是帮助你加深对自己心智的认识，理解并掌握应对这个复杂世界的方法，以及学会如何改变与突破，在处理棘手问题时能够更加游刃有余。

　　在和基思·约翰斯顿合作发表了《复杂时代的简单习惯》一书之后，我就意识到案例分析是商业类书籍原材料中的点睛之笔，就像烹饪时添加的"香菜叶"一样。[1]一些读者喜欢一个贯穿全文的经典案例，认为这样的故事有助于内容的吸收；而另一些读者则倾向于多个短小精悍的案例，认为丰富多样的小故事更有益于内容的理解。在本书中，我同时撰写了这两种形式的故事，请随意选读对你最有帮助的部分。

如果你想快速了解这本书的主要内容，来决定是否继续阅读，那么请允许我言简意赅地介绍一下。总结提炼我过去30年所有的研究、写作、教学和工作心得，我发现，自然赋予人类的本能反应或者说直觉，非常适合久远的过去，那时人与人之间的联系不多，世界也更容易预测。而如今身处这个高度互联、瞬息万变的时代，我们有必要重新认识人类应对环境的某些本能反应，并有意识地重新塑造这些反应，来顺应不断变幻的未来。我们在这样做的时候会发现，复杂的世界似乎不再那么咄咄逼人，我们能更有效地解决问题，我们与他人的关系得到改善，我们对自身的接纳程度也更高了。想知道这种转变是如何发生的吗？请来书中寻找答案吧。

目　录

第一章
心智误区的由来

"天哪，简直是一场灾难！"马克（Mark）说，双手捂着脸，"所有人都注视着我，等待我的锦囊妙计，而我却哑口无言。我在接下来的一两周都无颜再来公司了。我需要找个绝妙的理由，向大家解释我的缺席。也许你可以说我受邀从事惊心动魄的人道主义援助工作了，我可能会在那里负伤，然后再以英雄的名义凯旋！那样就没有人会记得我的无能了。"

"他的问题的确很难。"勒罗伊（Leroy）一边说着，一边试着在马克堆满文件和书籍的办公室里找个地方坐下。他最终还是放弃了，选择靠墙站着。"但我不觉得你的回答糟到落荒而逃的地步。"

马克抬头瞥了他一眼，露出他一贯的半笑不笑的表情。"落荒而逃？没错兄弟，非常形象！"然后他收住了笑容，"曾经的我，没有什么问题回答不上来！我对团队遇到的所有问题都了如指掌。每行代码我都了然于胸，每位员工我都知根知底。他们上周做了些什么我都很清楚，下周会做些什么我也能猜到，而且准确度十有八九。但是旧日的辉煌一去不返！现在公司发展迅猛，组织架构如迷魂阵一般，我能搞清楚汇报线就不错了，更不用说知道每个人姓什么，干什么了。就像罗布（Rob）今天问的那种问题……"

"是西蒙（Simon）问的，"勒罗伊打断说，"罗布在六个星期前就已经离职创业去了。"

"啊，天呀！"马克痛苦地咆哮起来，"的确是西蒙。我压根不明白他的整个部门是做什么的。我也不清楚他为什么要向我汇报工作。我不可能为他的工作增添任何价值，或帮助他解决任何问题。我是有史以来最差劲的领导！"

"就单单因为不能帮他解决一个技术问题，你就'自诩'为史上最差劲的领导了？"勒罗伊疑惑地问。

"嗨，别用人力资源经理的口气跟我说话，勒罗伊。我知道你认为我不应该和下属一起解决技术问题，但是实话实说，这是我帮助团队的最佳方式。可惜，我现在却带领了一支这样的团队，根本帮不上忙！"

"马克，我知道你喜欢当老派的技术型领导，用你的专业知识来解决棘手的问题。但是我认为，现在的领导不需要继续用专业知识来武装自己了。事实上，我这段时间一直在思考，领导者如何才能与时俱进。有些领导力的理念与你的直觉是相悖的，但对你会很有帮助。经历了今天上午的小插曲，或许你会对我的想法感兴趣。"

"你在开玩笑吧，勒罗伊！我们是第一天认识吗？你一点都不了解我吗？我连领导力的直觉法则都没掌握呢，反直觉就更不在我的能力范围之内了。如果你的反直觉理念能让我穿越时空，回到过去，把所有问题都统统搞定，我就听你的！否则，我得加倍努力，才能像过去一样应付自如！你又不是不知道，我今天的表现多么糟糕。"

勒罗伊笑了："嘿，你对自己太苛刻了。这正是我想说的，有时候我们认为应该做的，和更明智的做法恰好相反。比如，你渴望掌握更多的技术细节，然而更明智的做法是跳出细节看大局。"

"兄弟，我知道你对这些新奇的理念非常感兴趣，毕竟你是领导力专家，而我不过是个程序员，忽然有一天发现自己在管理一支庞大的团队，而且为此感到力不从心。工作让我焦头烂额，我连吃午餐的时间都搭上了。请问这个领导力理念可以像液体一样被喝下去吗？"马克一边问，一边在旁边的椅子上翻找文件。"或者更快一点，做成一颗药丸怎么样？我恐怕连喝它的时间都没有。哎！不管怎样，"他想起刚刚结束的会议，沮丧地说，"我还有人道主义援助危机要处理，所以你最近可能见不到我了……"

马克的故事也许会让你联想到自己，或者自己身边的同事。现如今，领导者的确比以往任何时候都要更加忙碌。即便如此，他们仍然追赶不上世界变化的步伐。这不仅仅是因为他们需要投入更多的时间在工作上（虽然事实似乎的确如此），更重要的是他们所面临的挑战发生了本质变化，以至于曾经奏效的工具与方法变得毫无用武之地。

在过去的 10 年里，我与世界各地数以千计的领导者共同研究如何在复杂、不确定的情况下发挥领导力。我想知道究竟是什么在阻碍着我们，并发现这样一个特别的现象：有些时刻我们的本能反应是完全错误的。这些时刻似乎以某些特殊方式交织在一起，形成了一种看似不可避免的误区，即人类的直觉最初是基于一个简单的世界而产生的，这种直觉在一个复杂、不可预测的世界里反而对我们造成了误导。

这就类似于你的计算机仍然使用过时的操作系统：当你给出关闭文件的指令时，文件却被打开了；当你试图保存文件时，文件却被删除了。当我们面对复杂的环境时，我们大脑的操作系统有一系列应对简单环境的固定模式，这些模式使我们所采取的行动常常与实际的需求相悖。

所以你看，我们以往的经验并不总是能够帮助我们实现目标。在过去，事物的发展相对缓慢，人与人之间所建立的联系相对有限，我们可以凭借经验来获得强烈的直觉，预测接下来可能会发生什么。比如说，假设你是 20 世纪 50 年代某个小镇上的会计师，你可以轻松地知道周遭可能会发生的一些变化，例如客户名单的变化，可能出现的税务欺诈，而你所在小镇的经济情况则取决于谷物、汽车或者任何其他产品的价格。你知道不管怎样，哪怕每年的具体工作内容差别很大，人们还是会需要你的会计服务。你可以观察周遭，总结出一些模式，从而确定未来发生的大概率事件，推测五年后的世界是什么样的。而现在，我们日常处理的诸多事情都是无法预测的，也无法预知事件之间将如何相互作用。

正是这些无法预测的事物的相互作用产生了复杂性。人与人之间的联系越多，事物的发展越快，我们的世界就越复杂。这种复杂性使得曾经的简单职业变成了如今的复杂职业。现在的会计师们想知道：整个行业是否正在逐渐消失，90％的会计师是否会被人工智能所取代，以及会在何时被取代，会计师事务所下一步该押注在哪些业务上才能确保不被淘汰。他们想象不出 5 年后的世界将是什么模样。原本有助于他们掌控、预测和做规划的领导力工具失灵了，更糟糕的是，他们思考问题的方式和感知世界的方法都失效了。

令人沮丧的事实是，尽管本能反应常常将我们引入歧途，我们仍然在频繁地使用它们来应对复杂和不确定的情况。毕竟，这种快捷的、基于认知与情感的反应模式，是人类在数万年的繁衍与进化过程中产生的。当这种反应机制自动发挥作用的时候，我们甚至意识不到这种反应是否对我们有帮助。这种本能反应一部分源自认知偏见，一部分来自神经系统的特质，还有一部分是出于对已不复存在的简单世界的固定应变模式。我认为这些都可以被称为"心智误区"。

或许最棘手的问题，是这些心智误区混杂在一起，让我们根本意识不到自己已经身处误区！而我们正是因为毫无意识，才会在面对困境的时候，倾向于相信原有的行为模式依然有效，从而不断地做出更艰难的尝试，不去试试其他方法。我们需要一些指引，来找到这些心智误区，并摆脱它们的桎梏。

基于对领导力和复杂性的研究，我找到了五种危害最大、最普遍存在的心智误区。这个发现能回答一个我经常被问到的问题，即为了在复杂情况下充分发挥领导力，我需要做出的最关键的转变是什么？在本书中，我们将识别这些心智误区，了解它们在过去发挥作用而如今却不再灵验的原因。我们还将学习一些强大的技巧来解锁心智误区，并找到新的可能性。你将从书中读到：

- 简化故事的心智误区；
- 感觉正确的心智误区；
- 渴求共识的心智误区；
- 渴望掌控的心智误区；
- 捍卫自我的心智误区。

通过理解新的方法，不断识别和脱离这些心智误区，你就像拥有了一种超能力，会看到新的机遇，创造出新的解决方案，在前进的途中你的心态更好，焦虑更少。无论是面对工作上还是生活中的复杂性，这种能力都能助你一臂之力。比如说，假设你的情况跟这个故事中的马克类似，那么你的收获可能会无处不在。

"嘿，亲爱的，今天过得怎么样？"

马克调整了一下他的耳机，听到妻子的问候笑了笑。"嗨，别提了！疯狂，一如既往地难以忍受。说实话，我都想逃离工作一段时间了。"

"听起来不错。"艾莉森（Alison）心不在焉地说。马克听到艾莉森咬了一口什么东西的声音。"嘿，我知道今晚轮到我做晚餐了，"艾莉森一边咀嚼嘴里的食物，一边说，"但我刚刚接到保姆的电话，说内奥米（Naomi）晚上还有一场排练，但保姆接不了她，所以我得接她回家。这意味着你需要在我们回家之前准备好晚餐，否则，孩子们就要饿着肚子大闹天宫了。"

"还有一场排练？她才七岁，又不是去林肯中心演《胡桃夹子》，不过是一群小孩儿穿着豆荚服跑来跑去，直到他们跌倒在地为止。"

艾莉森笑了。"无比赞同，我的盟友。但是我必须在两分钟内回到公司继续开董事会，然后赶去接我们的小豆荚和她的豆芽哥哥。再然后，我要和孩子们回家吃上一顿由你准备的、热腾腾的饭菜。7点13分饭菜上桌，怎么样？"

马克并没有理会是怎样盘根错节的复杂力量使得准备晚餐的重任降临到自己身上，他轻轻地叹了一口气。"不是什么难事儿，我会让外卖准时送到的！"

我们不仅在工作中面临着复杂性的挑战，在生活中亦然。100年前，大多数领导者都是男士，他们在工作的时候知道自己的妻子在操持家务。那时工作与生活之间的界限清晰，社会分工明确。而现在，越来越多的女士成为领导者，她们在午休时间哺乳，唱歌哄孩子们入睡之后，和世界另一端的团队成员开视频会议。这种变化，伴随着空前的不确定性和模糊性蔓延到了我们的生活之中。我们可选择的生活方式越来越多，因此能沿袭效仿的已有的生活方式就显得越来越少了。越来越多的人要花费比以往更多的时间，才能厘清头绪。

这就意味着我们需要一些方法来面对日益复杂的工作和生活。坏消息是，这些心智误区无处不在。好消息是，本书中讨论的走出心智误区的方法放之四海而皆准，也就是说，你无论是领导一个公司、家庭，还是领导一个合唱团，都会受益。

艾莉森关掉了手机屏幕，然后把手机调成了静音模式。她迅速地用手指梳理了一下头发，用舌头舔了舔牙齿，确保没有残留的三明治屑，然后走进了会议室。在她进入会议室的时候，坐在会议桌周围的与会人员（大部分都是男士）微微起身表示欢迎。她不知道大家是否对任何一位首席执行官的欢迎方式都是这样的。她想，也许这种欢迎方式与她的性别有关。艾莉森从一家普通的创业公司跳槽到现在这个职位已经有四个月了，但是这个改变仍然令她感到不适。不过此时此刻，更令她伤脑筋的，是董事会即将讨论的关于她如何为公司实现组织变革的话题。

"艾莉森，在你离开的这段时间，我们一直在讨论实施重组的计划方案，"董事长比尔（Bill）开口说道，"你也知道，公司在业内树立了良好的口碑，这次重组是公司自成立以来最重大的一次变革。我们邀请你加入公司就是为了能够成功地实现变革。我们对你寄予厚望，希望你在变革的启动和推进上大有作为。"

艾莉森的手心开始冒汗。她试着在心里给自己打气。从很多方面来讲，比尔都是一位理想的董事长。他在安德森、尼科尔森和米切尔公司累计工作了30年，对行业有着她所缺乏的深厚经验。而且他并不因循守旧，仍然看到了变革的必要性。目前公司已经完成了品牌重塑，新的品牌名称AN&M听上去更加时尚，吸引了那些在旧金山商业圈风头正劲的初创企业。一直以来，他都在反对公司被一家大型会计师事务所收购，他知道公司到了必须变革的时候了，否则只会走向末路。

艾莉森本身是一位训练有素的会计师，也是一位革新者。她的大部分工作经历都在金融科技公司，包括她自己创办的 IrRational 公司。完全出乎她意料的是，AN&M 收购 IrRational 时，董事会不仅给了她现金，还任命她为首席执行官。

在艾莉森入职的时候，这家公司已经缩减到原来规模的一半，它面临的竞争来自两个方面：一方面是把部分工作外包给孟加拉国的大型会计师事务所；另一方面是创建各种小软件包的初创型公司，就像艾莉森当初创办的 IrRational 公司一样。

考虑到变革的迫切性，比尔继续说道："虽然我们有一些顾虑，但是仍然支持你的决策。不过你必须保证这次变革能够奏效，因为这次真可谓是孤注一掷啊！"

"言之有理，比尔，"艾莉森一边说，一边在裙子上搓着出汗的掌心，"请相信我，如果不确定这是唯一的出路，我是不会提出这一系列建议的。"

如同我们大多数人一样，艾莉森就这样被任命担负了一项令她始料未及的任务，即融合一家初创公司和一家专业化服务公司的文化，打造一个全新的品牌。但我们在进入这种全新的领域并有所行动的时候，往往是利用以往的装备。随着科学研究的不断进步，我们掌握了更多关于人类自身的知识，也认识到人类真正擅长的是什么和不擅长的是什么。这就出现了一个有趣的悖论。众多复杂高深的科学，是通过计算机和仪器来窥视我们的身体与大脑的，证明我们无法改变自身与生俱来的人性。由此你可能会问：这些知识又有什么意义呢？我们如何利用这些我们无法掌控的事情来帮助自己呢？难道不是干脆放弃算了？

坦白地说，当我最初了解到人类的认知偏见、本能反应的局限性和行为的非理性都是天生的，并且无法改变的时候，我沮丧地想去打个盹。毕竟，我希望用知识来点亮人生，让我们以光彩夺目的崭新面貌，从容应对生活所给予我们的复杂性。然而，我却发现，人并不是用这种方式来塑造自我的。世界的复杂性要求我们理解灰色，拒绝非黑即白的答案，针对意料之外甚至是离奇的选项，要提出不一样的问题来探索认知的边界。

唉，但是我们人类天生就很会简化事实、断章取义，那种站在他人角度或者以系统化的视角看待问题的方式，与我们内在的自然驱动力是相悖的。我会一边阅读那些令人愉悦的、关于如何唤醒和跟随直觉的书，一边不由自主地在内心呼喊："不！！！不要听从你的直觉，你的直觉已经失灵到难以置信的地步了！"很显然，我设想的场景过于简单了。因为你看，我在此过程中，和其他人一样不理性，怀有偏见，简化了事实。

但是，正如行为经济学家丹·艾瑞里（Dan Ariely）所言，我们人类在认识到自己的生理局限时，可以找到方法，比如说利用机器、药物或其他途径来克服。同样的，我们在知道自己感知世界并据此采取行为的局限性时，同样可以找到克服局限的方法。行为经济学家们表示，当我们做棘手的金融决策，比如，存储养老金或者计算为心目中理想的房子所支付的费用时，我们必须了解可能会遇到的各种误区。同样的，我们也需要了解与领导力相关的心智误区，这跟我们意识到自己生活在一个复杂的世界里一样重要。所以，让我们从人类思维和行为的研究中汲取经验教训，来看看如何识别最常见的心智误区并避开这些误区。

艾莉森用一只手解开泰特（Tate）的外衣扣子，然后抓起内奥米的芭蕾包，用另一只手拿起她自己的笔记本电脑包和泰特的午餐盒，勉强维持平衡。"好了，你们都进去吧！"她对孩子们喊道，试图用轻快的语调掩饰自己的疲惫。

"这是什么奇怪的味道，马克？"她一边问，一边把这些包丢在门边的桌子上。孩子们都跑进了客厅，然后突然兴奋地尖叫起来，像是有什么出乎意料的惊喜。她继续问："你用APP定了家常菜外卖？"

"不仅如此，还要更棒！"马克回答，放下他的啤酒，拿起快要散落在地板上的午餐盒和书包，"我在回家的路上碰到了勒罗伊。一定是因为我看起来很悲催，他挥舞着魔杖，说愿意为我指点迷津，于是我就邀请他与我们共进晚餐了。"

"真是无巧不成书，简直太完美了！晚餐有了，孩子们高高兴兴的，还有免费的咨询师！"艾莉森评论道，喝了一大口马克的啤酒。勒罗伊不仅是马克出色的人力资源经理，也是他们的邻居和最好的朋友之一。两年前，勒罗伊的妻子去世了，他变成了一位单身父亲，他的两个孩子和内奥米、泰特年岁相仿。此时此刻，楼下家庭活动室里传来了四个孩子玩耍的声音。"勒罗伊！"艾莉森喊道，"没有你，我们该如何是好？"

勒罗伊从厨房探出头来。"所有女性都在问自己这个问题，"他微笑着说，"要不要告诉孩子们去洗手，准备吃饭了？"

45 分钟后，当马克把四个孩子送到楼上睡觉时，艾莉森拿着一杯美乐啤酒坐下来，满足地松了口气。因为孩子们上的是同一所学校，所以夫妻俩决定让勒罗伊的孩子们留宿，这样大人们也可以有一点独处的时间。关于比尔给她出的难题，艾莉森想征求一下勒罗伊的意见。她信服他渊博的知识和丰富的经验，知道他很睿智。

当她开始陈述自己的难题时，勒罗伊认真地点头，专心致志地倾听，偶尔跟她确认他的理解是否正确。马克参与了最后一部分的谈话，坐在艾莉森旁边替她揉脚，听她谈论对 AN&M 的重组计划，以及比尔和董事会对她有所保留的支持。"你要当心，"马克说，"勒罗伊热衷于一套新奇的理论。这套理论是关于我们的判断为什么在实际上是错误的。我才脱离了他的魔掌，也许他会设法让你成为他的信徒。"

勒罗伊翻了个白眼，朝马克的方向扔了个坐垫。"不是那样的，是你让我意识到，你还没有准备好接受我的新理念，"勒罗伊转向艾莉森，说道，"或许马克可以上深度聆听的辅导课，与此同时，艾莉森，我们俩可以一起喝杯咖啡，谈谈我正在学习的新理念，找到帮你排忧解难的方法。"

艾莉森微笑着举起酒杯："我要为这两条建议干杯！我们约个时间沟通，同时让马克去学习如何倾听！"

假如世界的行进是可预测的，那么就没有什么心智误区可以误导我们了。事实上，这些所谓的心智误区在人类出现在地球上的大多数时间里都是适配的，这也是它们一开始就存在的原因。它们曾经是非常有效的捷径，如今在这个变化更快、万物互联的复杂世界里，却变成了误区。看看下面这些情形是否让你觉得熟悉：

简化故事（simple stories）的心智误区：过度简化故事会让你远离真相。 人之所以为人的一个特性，就是我们对故事的渴求。我们喜欢讲故事，也喜欢听故事。故事蕴含着深刻的道理，帮助我们解决人生最重要、最令人困惑的问题。故事将人们凝聚在一起，形成部落、宗教信仰、社会。我们对故事是如此热爱，以至于我们会将许多故事串联在一起，这给人们一种从前发生过的感觉，一个故事会自然而然地发展到下一个故事。回顾过去的某件事情，我们可以讲述一个条理分明的故事，让人听起来顺理成章。而这恰恰就是问题之所在。我们没有察觉到，自己讲述的故事是一个过度简单的版本，也没有注意到，这个简单的故事版本在如何塑造着我们对事物的认知。具体来说，问题体现于两个方面：一方面，故事的原型并非条理分明或顺理成章的；另一方面，我们试图用简化故事的方式去展望未来，而这种方法在瞬息万变的时代是无效的，因为我们无法预测各种可能性中的哪一种会成为现实。换句话说，我们有关过去的回忆是一个简单的故事，如今又试着用同样简单的故事情节来设想未来，这是行不通的。在这两种情况下，我们怎样做都有可能是错的。那种对自己以往叱咤风云的故事深信不疑，并且将过去英雄故事的简化版本投射到未来的领导者，看起来是很迷人的，但也很危险。为了避免灾难性的后果，我们需要找到走出简单故事的路径，走进复杂的真相。

感觉正确（rightness）的心智误区：感觉正确不意味真的正确。 我们以为自己看到的，就是世界本来的样子。事实上，我们是什么，看到的就是什么。而这与世界本来面目的差距极大。因为我们相信自己看到的，却没有注意到那些没有看到的，因此我们在大多数时候，对大多数事情，有一种自己是正确的感觉。当然，我们也有不确定的时候，而且常常因为察觉到了自己的不确定而感到不舒服。正是在没有这种不舒服的感觉时，我们倾向于认为自己是正确的。"错误学"（Wrongology）专家凯瑟琳·舒尔茨（Kathryn Shultz）把这种现象称为"错误盲点"。她写道："就像我们知道每个人都终将面对死亡一样，我们知道每个人都会犯错，却不觉得这种错误真的会发生在自己的身上。"①我们在感到不确定的时候会去求索、学习，尝试理解这些不确定；而我们在确信自己是正确的时候，往往会局限于现有的认知而无法察觉新的可能性。因此，领导者们在坚信自己在复杂世界里的认知是正确的时候，会变得危险，因为他们可能忽视了那些可能证明自己错了的信息，也没有很好地倾听他人的观点，他们被自己创造的而非真实的世界困住了。

渴求共识（agreement）的心智误区：盲目达成共识会埋没你的好点子。在人类发展的历史长河中，我们需要快速判断他人是否跟自己是一个阵营的，你是支持我还是反对我。如果你在我的阵营里，我们就需要达成共识才得以生存。事实上，与其他人建立联盟是如此重要，以至于我们的大脑已经进化到几乎将社会疼痛和身体疼痛视为同一件事了。这是一份对于人类意义重大的礼物。我们这种达成一致并共同创造的能力成就了人类的伟大。与此同时，我们知道冲突往往会带来相当可怕和灾难性的后果，因为分歧会导致两极分化，引起"我们"与"他们"之间的严重冲突。但是，在充满不确定性和快速变化的时代，太多的共识，就像太多的两极分化一样，只是一种社会程序而已。太多的共识，虽然会令我们感到愉悦，却让我们走上了一条狭窄的道路，远离更多的解决方案。这使我们更加难以创造和追求更丰富的解决方案，而这些方案恰恰是我们为未来不确定的需求所做的准备。因此，面对复杂的问题，我们需要多样化的经验、观点和方法，需要学会驾驭冲突，而不是把冲突远远地推开。

渴望掌控（control）的心智误区：试图掌控会削弱你的影响力。人们通过控制来收获快乐。领导者希望能够控制预算、结果和行为，并经常因为这样做（或者看似这样做）得到奖励。事实上，正是这种一切尽在掌控之中的感觉（至少看起来如此）以及为所有突发事件制订计划的举动，长久以来定义着领导者的形象。这意味着，如果不寻求掌控感，领导者们会担心自己实际上并没有领导任何事情，而只是在被动地接受生活。然而，在复杂的时代，我们无法控制接下来会发生什么，因为有太多错综复杂的事情存在。而且，由于很难衡量复杂的结果，人们经常用简单的目标来取代他们所追求的更远大的理想。当关注重大的、复杂的、交织在一起的问题时，领导者们需要放弃控制，专注于为取得理想的结果而创造条件。这样做往往带来超出预期的结果。

捍卫自我(ego)的心智误区：被自我束缚无法企及更伟大的自己。 尽管我们很少向自己或他人承认这一点，但实际上，我们花费了相当多的精力来保护看似脆弱的自我。虽然人类天生就有做出改变的动力，但我们宁愿相信我们在过去已经改变了很多，在未来不会有太多的改变。这会让我们做出强有力的反应，去保护我们在自己和他人眼中的"我"。罗伯特·凯根(Bob Kegan)和丽莎·莱希(Lisa Lahey)称这种保护是"当今几乎每家公司造成资源浪费的罪魁祸首"。他们解释说，这源于人们的自然倾向，即"为了维护自己的声誉而展现最好的自己，并向他人和自己隐藏自身的不足"[②]。当我们试图捍卫自我而拒绝成长和改变的时候，我们只是迎合一个已经存在的世界，而不是继续提升，让自己有能力应对即将到来的世界。

在上述每一种情况下，走出心智误区的第一步都是认识到误区是存在的。第二步，也是更艰难的一步，是意识到自己身处误区。再下一步呢？找到通往自由的关键，走出误区。

第二章

简化故事的心智误区：
过度简化故事会让你远离真相

"我们就在这家餐厅吃饭吧，因为我想和你谈谈在团队里发生的一些奇怪的事情。"马克环顾四周，在勒罗伊靠近倾听时，放低了声音说道。

"怎么个奇怪法？"勒罗伊问。

"特别离奇，而且怪事多得不计其数。我给你举几个例子吧。凯利（Kelly）给我发了邀请，让我看一份在线文档，但我还没来得及看，她就忽然把我阅读文档的权限取消了。还有，马库斯（Marcus）经常越过我，去见我的老板，这显然不同寻常。而且他的名字也在文档的分享名单里，所以我想知道这个文档或者马库斯与我老板的会面，是不是与我和我的工作有关。爱说笑的肯德拉（Kendra）对每个人都面带笑容，但是对我连看都不看一眼。她现在一看到我，就一副极为不满的样子。还有上周，我有两次问他们愿不愿意下班后一起喝一杯，他们几个互相对视了几次，然后都心照不宣地拒绝了我。还有很多其他诸如此类的事情，肯定是哪里出问题了。"

"那你觉得发生了什么？"勒罗伊问道，一边在寿司上加芥末和酱油。

"我想他们是在生我的气，"马克说，嘴里塞满了沙拉，"我绞尽脑汁地想他们为什么这样躲着我。我认为导致这个结果的原因有很多。我告诉肯德拉她的会议经费被削减了，而她之前因为有机会参加这场会议，兴奋了很久。马库斯一直想得到我的这个职位，现在我做得这么差劲，他一定是坐不住了。我最近脾气一直不好，疾言厉色，我知道这样很糟糕，但我束手无策……"马克慢慢地说道："所以我并不怪他们生我的气，但是我不喜欢这样被他们排斥。"

"哇，所以你担心是你的错。你问过他们之中的任何一个人吗？"勒罗伊问道。

"没有，我不知道该问谁，也不知道该怎么问，"马克又环顾了一下四周，压低了声音说，"这就是为什么我想知道这些情况，你和他们在一起的时候，能不能顺便打听一下他们生气的原因，然后帮我说些好话。"

"说实话，马克，听起来的确像是发生了什么，但也有可能什么都没有发生。无论如何，你都似乎建构了一个逻辑相当严密的故事。"

"所以我才需要你帮我打听一下。"

勒罗伊挥舞了几下他的筷子。"也许你应该调查一下还有没有其他可能性。"他嘴里塞满寿司含糊地说。

马克翻了个白眼。"也许你应该执行人力资源经理的义务，在我的团队里开展一些人力资源方面的工作！"他调侃的语气中带着一丝焦虑。

"好吧，要不我们做个交易如何，我和你团队里的一部分人谈谈，如果你是对的，我再帮你想想下一步该怎么办。"

"好极了！这才是我雪中送炭的人力资源经理！"马克向后一仰，靠在椅背上，叉住一只从沙拉盘顶端滚落下来的小番茄。

"我还没说完呢，"勒罗伊说，"如果是你建构了一些子虚乌有的故事，而且对事情的判断是完全错误的，那么我需要你的配合，身体力行验证一下，我上周和你们探讨的那些新理念的效果，做一些新的尝试。我也需要艾莉森的加入，因为我觉得她会比你更勤奋好学。而且，你必须保证抽出至少30分钟的时间专心学习这些理念。"

马克拿起一块勒罗伊盘中的寿司塞进自己的嘴里。"老兄，我连给自己的30分钟都没有，不过不管怎样，我会做这笔交易，因为我胜算在握，肯定没弄错！你去和他们谈谈吧，然后告诉我你的发现。"

简化故事的诱惑与误区

人类用故事与彼此建立关系，从故事中得到思想上的升华。至少从我们的祖先在洞壁上雕刻图案开始，故事就成了我们寻找生命意义和心灵慰藉的源泉。那些关于人类起源、人生道路和宗教信仰的故事带给了我们无限的安慰与希望，将我们从生活的焦虑与不安中解脱出来，帮助我们解开存在主义谜题，找到短暂生命的伟大意义。故事甚至可能是我们人类站在食物链顶端的一个关键因素。[①] 好消息是，故事已经成为我们生命中的一部分；坏消息是，我们的故事对于这个复杂的世界可能过于简单了。

当给自己讲故事时，我们会认为自己对角色、因果关系及情节发展有一定的预判。我们的大脑会有这样的反应，是因为我们受到了电影和小说中那些老套剧情的影响。正是这些剧情元素在悄无声息地诱使我们陷入这个特殊的心智误区。这并不是说简单的故事就一无是处。就像所有心智误区一样，简单的故事也是一种心智误区，因为我们没有意识到自己身陷其中。

我们看到了马克是如何处理故事碎片的，还听到了勒罗伊对他的警示。这里还有一个例子。从前有一个小男孩，他的中学校长说他在学业上将一事无成，甚至应该辍学。他很喜欢各种旗帜。他在尼加拉瓜生活了一段时间，在新西兰渡过了更长的时间。他带着自己的两条狗穿过山林。他获得了博士学位。他在一家电器厂工作。

在这样的故事背景下，你的大脑会把这些句子串联在一起，构建出一个故事。我们就是这样不自觉地，让各种奇怪的信息变得合情合理的。你也许没有意识到，自己已经为故事里的主人公勾勒了一幅画像，从肤色、口音（美国口音？西班牙口音？新西兰口音？）到身高。你可能会把你知道的有关他的细碎片段组合在一起：也许他喜欢旅行，是因为他曾经在尼加拉瓜和新西兰居住过，难道这也是他很喜欢旗帜的原因？是他的博士学位让他有机会在电器厂工作的吗？为了制造出更好的电器？虽然你并不是刻意地做出这些判断的，但只要你关注这个故事，就可能把这些混乱无序的生活片段变成一个合乎情理的故事。在大多数情况下，我们不是故意构建故事的，我们是为了理解生活中毫无意义的部分，而下意识地构建故事的。至少有三种习惯可能让你在毫无察觉的情况下陷入简单故事的心智误区，它们是：寻找开头、中间和结尾，补充缺失的信息，以及给人物分配角色。

我们认为故事都是有开头、中间和结尾的，并主动建立因果关系

我们的大脑有一个思维模式，这就是事情都有开头、中间和结尾。在无法满足这些模式的情况下（比如，观看后现代主义戏剧），我们会感到压力和困惑。如果这种情况发生在剧场，我们知道剧作者会给我们提供一个完整的故事，也就无所谓了。但是，如果这种情况发生在现实生活中，就成了一个问题，因为现实生活中几乎没有完整的开始或结尾。在上述故事中，你可能想要重新组合各种信息碎片（他是先住在尼加拉瓜还是新西兰？他是先拿到博士学位还是先在电器厂工作？），让故事的叙述有条理，有意义。

在这个旗帜爱好者的故事里，我给你提供的信息太少了，以至于你在梳理这个故事的时候，并不知道它的开头和结尾。然而在生活中，我们总是在寻找一件事情是从什么时候开始，到什么时候结束的。我是从什么时候意识到自己的工作没有前途的？我对自己的新车是从什么时候开始失去兴趣的？马克在收集证据时，就陷入了这种误区。他认为自己的状态是最近才开始变糟的，这为他搜索信息明确了一个时间范围，然后他将这个时间范围里发生的事情串联了起来，把碎片信息梳理成合理的情节，最终构建了一个非常简单的故事。

马克与我们一样，也在寻找证据之间的因果关系。是什么驱使人们这么做呢？接下来会发生什么呢？人类最伟大的成就之一就是理解了因果关系。但是，我们过度地使用了这项技能，建立过于简单的因果关系，并相信这种关系的存在。在旗帜爱好者的故事里，我们可能就运用了这种因果思维模式。他很喜欢旗帜，是因为他喜欢旅游？因为他的中学校长说他将学无所成，所以他选择在电器厂工作？[②]

我们对悲剧或惊喜的理解，反映出我们对因果思维模式的强烈渴望。2011 年日本发生了强烈的地震和海啸。学者、决策者、研究人员和社会活动人士，针对震中附近三个核电站的情况做了深入的研究。这三个核电站均靠近震中，却有着完全不同的结果。其中最严重的是福岛第一核电站的核反应堆核心熔毁，释放出的核气体形成了核辐射云，遍布日本和太平洋上空。而不经常被提起的是福岛第二核电站，虽然它周边的环境和第一核电站周边的环境极为相似，却避免了核反应堆核心熔毁的事故，结局要好很多。女川核电站的核反应堆则从未上过报纸，这座核电站在危难中安然无恙。在发生了毁灭性的 9.0 级地震之后，居民们实际上选择在这座核电站里避难，而不是逃离这座核电站。

为了弄清楚上述差异，研究人员寻找其中的因果关系。你的观点取决于你阅读的是哪一位研究人员的研究成果（以及他们研究的是这次灾难的哪个部分），他们可能会指出下述因素：核电站的建造方式、负责人的领导能力、安全文化建设和相关人员在灾难发生后所采取的紧急行动。上述每一个因素都很重要，几乎不可能判定是哪一个因素直接导致了实际后果。是福岛第二核电站的负责人采取的措施促成了较好的结果，还是那里的负责人被赋予了直接采取应急措施的权力？女川核电站修建在地势更高的地方，这是原因还是安全文化的结果？在如此复杂的情况下，人们很想把原因和结果分开来看，但这几乎是不可能的。甚至研究人员也在简单故事的诱惑下，围绕一条因果链，创建出一个简单的故事。我们一旦完成了对故事的创作，就会试图根据这个故事来奖励英雄，同时惩罚恶人，确保类似的事情不再发生。

我们对开头、结尾和因果关系的渴望，不仅会影响我们如何划定界限、收集信息以及判断是否有罪，还会影响我们对未来的规划。当我们回顾过去，并确定是"安全文化"保证了一个核电站的安全，免受其他核电站所遭受的重创时，我们会致力于加强新核电站的安全文化建设。当我们发现领导力，以及领导者与员工之间的关系在另一个核电站发挥了作用时，我们将竭力培养出能够与员工打成一片的出色领导者。此外，我们还发现，相较于其他核电站，女川核电站的地势更高，人们则把新核电站都修建在地势更高的地方。请不要误解我的意思，这些措施都非常重要。但是，如果只采取其中一个措施，我们就会忽略各种因素之间的相互联系。如果同时采取上述所有措施，那么可能会使系统不堪重负，而且可以肯定的是，我们还会漏掉一些影响下一次结果的因素。

我们将过去投射到未来，并自动补充缺失信息让一切显得合情合理

这就引出了简单故事心智误区的第二个方面。我们从过往的经历中汲取经验，然后用这些经验来预测未来。因为我们渴望简单的故事，所以我们的大脑会在我们做预测的时候，补充缺失的信息。就像其他心智误区一样，我们通常并不知道自己已身陷其中。

我们总是用以往已经发生的，去预测未来将会发生的。这是诸多伟大文学和艺术作品的灵感来源，也是阴谋论存在的原因。如果有一些圆点，随机地散布在某个地方，那么我们会从中找出一些规律，给它们命名并为它们编造故事。如果这些圆点分布在空中，我们便称之为星座，用现在的话来说，就是神话。如果它们出现在生活中，我们便称之为证据，用现在的话来说，就是事实真相。我们即使绝对没有遇到过一模一样的情况，还是会有一种"哦，我之前见过"的感觉。我们因为深信因果关系，所以会认为相同的原因在这一次也会导致相同的结果。我们想象一下故事情节的发展顺序，各种迹象便随处可见了。("他先清了清嗓子，然后说他会就工作的事情再联系我。我认为他根本不会再联系我了，因为我的上一任老板就是这样的，总是先清一下嗓子，再说一些安慰人的假话。")

人们绞尽脑汁地想弄明白唐纳德·特朗普(Donald Trump)为什么会出人意料地赢得 2016 年美国总统大选。他们不断地将过去和未来联系在一起，来解释这次大选与当年尼克松(Nixon)、里根(Reagan)，甚至希特勒(Hitler)的掌权之路"一模一样"。他们挑选特定的历史片段，引用历史学家的著作，来证明自己的观点。这种做法时而激怒那些历史学家们。其中一位里克·佩尔斯坦(Rick Perlstein)就表达了他的沮丧，并写道："不计其数的推特和热帖，以及电子邮件，感谢我帮助他们了解了此次总统大选'宛如'1968 年大选、1972 年大选、1964 年大选，或者 1976 年大选……

不，这不是一回事儿。这不是历史重现。"③

为了创建简单的故事，我们会"精选"记忆中的信息。为了增强故事的说服力，我们还会添加一些信息作为补充。这种情况在各个领域都有所体现，无论是在研究实验室，还是在警察局。④再次强调，我们这样做不是故意的，而是下意识的。而且我们无法区分哪些是编造的，哪些是亲眼所见的，因为对于我们而言，这一切都是我们的记忆。

讲到这里，我不知道你注意到没有，这一点耐人寻味。你从过去的经历中寻找规律，借此预测未来。如果在这个过程中找不到足够的信息，你会编造信息加以补充，然后你就可以相信自己知道故事如何发展了！然后（如果你和我一样），你会对未来感到焦虑，并陷入思考的旋涡。这不是什么好事儿。事实上，正如诺贝尔经济学奖获得者丹尼尔·卡尼曼（Daniel Kahneman）告诉我们的："一个好故事最重要的是信息的前后一致性，而不是其完整性。的确，你常会发现——知之甚少，反而可以把自己知道的所有事情都囊括进连贯的思维模式中。"⑤

我们构建简单的人物角色，并筛选信息来支持我们的假设

小说里有明确的主人公、反面角色和原型人物（气人的岳母或婆婆、被误解的天才、傻得可爱的朋友）。同样，我们也会像创作简笔画一样，用简单的线条勾勒我们生活中的人，并对这些简单的角色深信不疑。

试着用一个词来形容出现在你生活中的人，你可以从自己的描述中听出这样一个差异。你会发现，与你的关系最为亲近的人往往是最难描述的（正如卡尼曼所指出的），与你的关系稍微疏远的人反而是更容易被你"了解"的。卡尼曼发现，我们在对人产生看法时，会受到"成见效应"（halo effect）的影响。我们会通过一两件事，快速地对他人产生成见，然后这种成见会让我们忽视他们的其他方面。例如，卡尼曼给出了对两位男士的描述。看看你愿意与哪一位共进晚餐：

艾伦：聪明、勤奋、易冲动、挑剔、倔强且善妒。

本：善妒、倔强、挑剔、易冲动、勤奋且聪明。⑦

在卡尼曼的研究中，大部分人都认为艾伦更讨人喜欢，如果花 5 秒再看一下这两组信息，你将对这个结果产生怀疑。我们对这两位男士的判断不仅基于我们知道的信息，还取决于信息出现的先后顺序。如果某个人在与你第一次见面时给你留下了不良的印象，那么在之后的交往中，无论这个人实际上是怎样的，你有可能依然认为这个人"令人反感"。"成见效应"会让你把这个人在某一方面的优点或缺点放大。在你完全不了解一个人性格特征的情况下，如果你对他的第一印象是负面的，那么你就会认为这个人在其他方面也是如此。如果你对他的第一印象是正面的，那么你对这个人的整体印象也会很好。我们声称厌倦了电影中那些过于刻板的人物形象，但是我们在生活中却一直在塑造这样的角色。

而且可能更糟糕的是，我们一旦对某个人有所预判，就会选择那些支持我们预判的信息。著名且危险的"确认偏误"（confirmation bias）会在我们需要快速做判断的时候诱导我们，让我们的第一印象根深蒂固。也就是说，我们一旦在自己的简单故事里对人下了定论，便只会寻找那些能够验证我们假设的信息，下意识地排除那些不符合我们假设的信息。我曾为一位首席执行官提供教练服务。这位首席执行官疲于应付某一位董事，她对我说："他总是试图否认我的观点并百般挑剔。"我对他们二人，以及他们的谈话方式进行了观察。我发现，与其他董事的关系相比，她与这位董事的关系的确不太融洽。但是我还发现，虽然这位董事不同意她的一些观点，却强烈支持她的另一些观点。我把这一情况告诉这位首席执行官后，她表示根本想不起来他们曾经在什么意见上达成过一致。当我把例子列举出来的时候，她不屑一顾，非常笃定我所提到的事情根本没有发生过。

事实证明，我们很难认识到局势的复杂性和人物的丰富性，尤其难以全面地认识那些与你势不两立的人。在你的故事中，你很容易就把与你对立的人塑造成一个反派，即使这个"反派"是她自己故事里的英雄。

"好了，马克，我拿到了真正的独家新闻，"勒罗伊一边说，一边把头探进马克的办公室，"你有时间听我说两句吗，还是我过会儿再来？"

马克突然来了精神："老兄，我总有时间给你，你知道的！快请进就座。"他赶忙把桌旁椅子上的各种文件、食品包装纸和衣物抱起来，散落到地上，然后轻轻地关上了门。

勒罗伊笑着坐了下来。"好吧，"他低声说，"听着，我和你的团队都聊过了，我想我已经了解大概发生了什么。我特意验证了你之前给我的信息，比如说凯利的文档，马库斯与你老板的会面，肯德拉躲避与你的眼神交流。"他的声音降得更低了："事实证明，你确实有一个很大的问题。"

马克脸色发白："哦，天哪！我就知道一定糟糕透了。他们生我的气是因为我总是一副心烦意乱的样子，对吧？还是因为肯德拉的会议经费被削减了？还是因为哪一次团队没能完成任务，我冲他们发火，大喊大叫来着？我知道我当时不该冲他们发脾气。你就对我开门见山地说吧，勒罗伊。"

"哦，这些我都听说了。据说你冲他们大喊的时候脸都气紫了，之后你为了表示歉意，还给每个人订了泰国菜。他们认为用泰国菜来缓和关系特别有马克范儿。"

"完了，我就知道应该订比萨！或者巧克力！谁会用泰国菜来道歉呢？"

"我听说了肯德拉的会议经费被削减的事，顺便说一句，她的确很失望。我还打听了马库斯和你老板的事。然而，事实是这样的，马克，"他说着，靠得更近，用压得更低的声音说，"你的问题是你全搞错了。"

马克歪着头，试图理解勒罗伊所说的："你再说一遍？"

"他们并没有生你的气，这里面也并没有什么惊天阴谋论。肯德拉的猫死了，她一直为这事儿难过，但又不想小题大做。马库斯和你的老板开会，是为了要协助筹划一年一度的员工大会。你一定忘了，是你把他安排到那个会议筹备委员会里面的。没有人记得文档的事情，因为没什么大不了的，这是个人人都会犯的小错，很容易就被忘记了。此时此刻没有人垂涎你的职位，这一点是肯定的。他们的确不想和你一起出去喝酒，倒不是因为你对他们发脾气而耿耿于怀，而是因为他们最近的压力真的很大，担心错过完成任务的最后期限。而他们如此认真负责，并不是因为你是个糟糕透顶的领导，而是因为你工作努力，要求高。出于对你的尊重，他们不想让你失望。他们看你如此辛苦，很担心你，希望能尽可能地将工作做好，这样你就可以稍微休息一下了。"

马克叹了口气。"我就说他们不肯跟你实话实说吧？我知道不应该派我最好的兄弟做这件事。应该派个陌生人去。你认为派谁去能从他们那里套出真话呢？"

"不是的马克！我没弄错！"勒罗伊现在不刻意压低他的声音了，"是你搞错了，他们没有说谎。他们对我是开诚布公的。事实就是：没有什么问题，或者说是有一些小问题而已。比如，爱说爱笑的肯德拉这些天只是心情不好。她很爱那只猫，期待参加那场会议，还有她和室友发生了一些矛盾。马库斯为各种项目忙得不可开交，精疲力竭。有一点你说得很对，他很有抱负，把自己逼得很紧，不仅要把每件事都做好，还希望能够得到大家的认可。我发现，虽然团队备感压力和沮丧，他们多次提到工作很复杂，你的压力很大，但是他们所有人还是很欣慰能在你的团队里工作。"勒罗伊靠在椅背上，把椅子往前拉了一下，流露出一丝抑制不住的激动："现在，谈谈我们的交易吧！"

"什么交易？"马克摆弄着他的手机，"勒罗伊，你怎么能确定他们不是因为你是我的朋友就敷衍你呢？"

"我告诉你，我收集了很多信息，在这个过程中大家对我都很坦诚。结果表明你根据一条微弱的线索，编造了一个故事，并收集了一些证据，来印证你所担心的事情确实发生过，而忽略了其他可能性。你给周围的人都贴了一个简单的标签：爱说笑的肯德拉、野心勃勃的马库斯。你让你的故事围绕着自己展开。我现在告诉你，马克，很多事情根本与你无关，而是与团队工作量、市场波动性和工作复杂性有关。不过你在他们面前的表现，还有你的偏执，的确没能帮到他们。这也是我们之间的交易非常重要的原因了。你陷入了大脑为你设置的、众多心智误区中的一种。这个误区在你、我和周围每一个人的身上都有所体现。这就是对简化故事的渴望，妨碍了你看到问题的真相。你，我的朋友，需要走出这个心智误区，否则你将继续陷在自己编造的故事里，不能自拔。"

走出简化故事的心智误区

坏消息是，我们无法抑制自己对简单故事与生俱来的渴望，我们往往意识不到自己在简化故事，所以难以避免这种情况的发生。你会创建简单的故事并说服自己相信它，你会在今天套用昨天的经验，你会根据极少的信息构建人物角色，你还会选择特定的信息来强化这些编造出来的简单故事和角色。这种情况每天都会发生数百次。

与所有心智误区一样，简单的故事通常对我们是有帮助的。在一个选择更少、相互联系更少的世界里，简单的故事甚至会更有效。你不需要停止使用简单的故事。但是在你开始对简单的故事深信不疑、一叶障目时，你就需要让自己停下来，走出误区。下面介绍两种对你有帮助的方法。

关键问题：这个人是否有自己的英雄故事

当你意识到自己有一个关于一个人或一群人的简单故事时，可以先描述一下，你认为他们所扮演的角色，然后转换他们的角色，看看会发生什么。你是否认为你的同事总在诋毁你，并试图让你在老板面前出丑？看看你能不能将这位同事重新塑造成她自己故事中的英雄，而不是你故事中的反面人物。她并不会在晚上回家时，喋喋不休地说当天是如何折磨你的。相反，她会告诉自己，这么做是为了组织的利益，是一种英勇的行为。试着站在她的角度看问题，哪怕只是一瞬间。你可能会发现，她认为你也在诋毁她，而她在努力地向老板证明自己。或者，你可能会发现，你所谓的诋毁在她看来不过是批判性思维或别的什么。

这种方法对其他角色同样奏效，虽然应用起来也不容易。你认为你的弟弟在扮演一个闲汉的角色，没有责任心？我猜他并不会在挂断你的电话之后，把脚搭在家具上沾沾自喜，继续无所事事吧。还有哪些角色可以让他更像一位英雄？有一系列角色可以帮助你从新的视角观察他。也许他是冒险家或探险家，也许他是感到迷失和寻找方向的人，也许他对你关心的事情并不怎么在乎，却对许多其他事情非常感兴趣。

这并不是说在你的生活中没有那些可恶的、不负责任的人。这里的意思是，你在没有探索其他可能性的情况下，不要相信大脑自动生成的关于那些人的信息。在复杂的情况下，简单的故事将极大地限制你的思考范围和感知能力。可以将这个问题视作一把可以解锁更多可能性的钥匙，帮助你突破简单故事的局限，使你拥有更丰富的生活。

关键习惯：准备三个不同版本的故事

你在赋予人物不同的角色时，不如顺藤摸瓜重新思考整个故事的内容。为了突破简单故事的局限，你可以养成习惯，为生活中发生的事情准备多个故事版本。我发现最好的方法，就是察觉到自己有一个简单的故事，然后构建一个新的故事，然后再构建一个新的故事，以此类推。如果你知道，一旦相信那个简单的故事就会出现灾难性的结果，那么你就让自己构建出一个能带来不同结果的故事。当你听自己说"我经历过，所以知道会发生什么"的时候，请提醒自己：如果情况的确很复杂，那么你是不可能经历过的，所以你并不知道事情会如何发展。这就像给我们的大脑做瑜伽一样，让思路延展到新的领域。周而复始的练习会让你的思维变得更加灵活，让你能更加有效地应对复杂的情况。

这个方法与情景规划略有不同。情景规划需要你想象各种不同版本的未来，从中选择一个作为奋斗目标，同时未雨绸缪，有备无患。这里所讲的方法，并不是让你锁定几种可能性并为之努力，而是通过想象出不同的可能性，来增加你从容面对任何一种情况的概率，即使事出意外也能游刃有余。如果你确定一件事情会发生，那么你会忽视指向另一件事情的证据。如果你锁定一个自己最喜欢的故事，那么你会错过一个意想不到的更好的选择。正如复杂性理论家彼得·科尔曼（Peter Coleman）所写的那样："生活，充满了矛盾和意外，很少有讲得通的时候。拼图的各个部分难以完美地拼接在一起，一旦出现了这种完美，就要当心了。"[7]

重点不是避免讲故事，我们很难做到这一点。重点甚至不是避免讲简单的故事，我认为这一点也难以做到。关键是要察觉到你的简单故事，记住它们是简单的，不要太信以为真，然后用这个关键习惯来丰富你的选择。重点在于，一个简单的故事在复杂的世界里几乎永远是错的，而且总会局限我们的选择。只有走出简单故事的心智误区，我们才能拓宽选择的空间。

第三章

感觉正确的心智误区：
感觉正确不意味真的正确

马克对艾莉森说："勒罗伊有一个疯狂的想法，他认为我应该时常对自己脑海中的那些简单故事提出质疑。但是，我觉得他的这个建议恐怕不太现实。"周六一早，马克一家到公园游玩，马克和艾莉森享受着悠闲的咖啡时光，内奥米和泰特在他们身边嬉戏玩耍。"说真的，我明白他希望我可以从别人是英雄的角度出发，想象出不同的故事版本。这样做当然对我是有益的。但是，现在每天繁重的工作量已经让我焦头烂额了，大概只有等到我退休了，才有可能投入大量的时间去进行这类思考与练习。"

"你是在开玩笑吗？"艾莉森问道，"在你想象的那个故事里，每个人都讨厌你，每个人都想加害于你。你一直在用那个故事折磨自己。你浪费了大量的时间反复思量，收集证据来证明自己的想象是正确的。如果那个故事仅仅是你众多故事版本中的一个，你就不会浪费如此多的时间了。更重要的是，你就不会因为自己的执念而感到如此焦虑了。"

"但是，所有证据的确都指向了同一个结论呀！"马克激动地结巴起来，还不小心弄洒了杯中的拿铁，"所有这一切都显而易见而且合乎逻辑。"

"你看你看，又来了！"艾莉森笑了起来，拿起最后一块南瓜香松饼塞进了嘴里，"勒罗伊不是说过，在复杂的情况下，显而易见合乎逻辑的事情本身就是一个危险的信号吗？"

"啊！他的这个说法也挺愚蠢的！你该不是告诉我，每当事情看起来显而易见合乎逻辑的时候，我反而需要提出疑问？这怎么可能呢！我们不如暂时先以你的工作为例，来套用一下勒罗伊的这些关于心智误区的理论，让你感受一下这些理论到底有多没用。"

于是艾莉森一边喝着卡布奇诺，一边向马克讲述自己正在推进的组织变革项目，以及董事会对这个项目的反应。她总结道："每个人都知道变革是唯一的选择，但问题是如何才能成功地实现变革。变革自然会给公司带来巨大的冲击，而且各位合伙人将不得不做出彻底的改变。面对新的挑战，他们感到没有把握，或者更直白地说，他们不愿尝试自己并不擅长的事情。无论如何，我需要说服他们，只有从自己开始，做出彻头彻尾的改变，才有可能实现变革，闯出一条新路。"

马克笑了起来："哇，在我看来，你在这段陈述中用了很多确定性很强的词，'唯一的选择'、'做出彻头彻尾的改变'、'闯出一条新路'。恐怕你也陷入心智误区了吧。"

艾莉森眨了眨眼："但这正是他们雇用我的原因呀。他们知道老路子肯定行不通了，所以指望我来帮助他们实现变革。"

"我懂，"马克笑道，"但是，勒罗伊一直认为感觉正确是一种误区。他说我们一旦确定自己是正确的，就不再继续学习和探索了。我注意到你和我一样坚信自己是正确的。也许你和我一样，陷入了同样的误区！"

"你是在告诉我，对一件事有清晰的认识是个问题？"艾莉森慢吞吞地问道，"你是说，难道无所适从的领导者更好？"

"嗯，这么说肯定也不对。我只是转述勒罗伊告诉我的。继那些烦人的简单故事之后，他告诉我感觉正确也是个大问题。"

"好吧，既然如此，也许你是正确的，"艾莉森笑着说，"我开始理解你之前说的了，这些心智误区的确非常令人恼火。也许我们应该告诉勒罗伊，我们确信他是错误的。"

感觉正确的诱惑与误区

我们被灌输了这样一种概念，即人类与地球上所有其他生物的最大区别之一就是我们具有理性思考的能力，可以权衡利弊，能够仔细推敲我们的观点、信念和决定。我们可以选择任何一个自己的观点，逻辑清晰地解释这个观点是正确的，仔细收集证据来证明自己的正确性。这个概念的唯一问题在于，无论证据指向何方，这种确定的感觉都不像柏拉图式的决定，而更像一种情感。事实上，神经学家罗伯特·伯顿（Robert Burton）写道："无论我们觉得自己多么确定，确定性既不是一个有意识的选择，甚至也不是一个思考的过程。它和与之类似的'知道我们知道'的状态，都产生于无意识的大脑机制，就像爱或愤怒一样，其运作独立于理性。"①

让我们先记住这一点。你认为自己在某件事情上是正确的，这种清晰明确的正确性，不是一个思考过程，也不是一个推理过程，而是一种情感，与你是否正确完全无关。我们的大脑已经进化到可以在这方面蒙蔽我们了。如果我们觉得某件事情是正确的，对那些提出质疑的人，我们可以快速地做出解释。然而，心理学家一次又一次地发现，这种解释大多是决定后的理由，而并不是决定前深思熟虑的过程。为什么会这样？因为我们不需要做决定，我们只是觉得自己知道应该做什么。

在特朗普时代之下的美国，两个高度分化的政治阵营都认为自己一方是正确的，双方都对另一方自诩正确感到困惑与惊讶。但是，你在知道感觉正确是一种情感而不是逻辑时，会觉得突然一切都变得豁然开朗了。当一方认为证据不足，而另一方却深信不疑，并且认为自己是正确的时候，认为证据不足的一方的确会感到困惑。既然我们完全可以理解，人们在面对一个不断变化的世界时，会有愤怒或恐惧的感觉，就不难理解感觉正确不过是类似情感反应中的一种而已。

此时此刻，你可能会在脑海里与我辩论："我的确是经过认真思考才做出决定的！"你还可能会说："我真的权衡了各种选择，甚至有时会举棋不定，遇到这种情况，我会去做研究来决定哪个选项最佳。"我对此完全理解。事实上，我有同感：在购买微波炉之前，我会阅读《消费者报告》；新西兰大选之际，在履行选举权之前，我会了解所有参选政党的政纲和主张。事实上，仅仅今天，我就能举出一大把例子，证明我在得出结论之前进行了认真的思考和研究。但是在阅读了大量的研究报告和书籍之后，我可以肯定，在我们每天所做出的决定中，只有很小一部分是经过深思熟虑的。而剩下的，只是我们"觉得"自己的决定是正确的。到目前为止，我阅读和研究了足够多的资料，并相信感觉正确不一定是最好的方法，因为事实证明，我们并不能区分观点和真相之间的区别，而这种混淆会改变我们的关注点和待人处事的方式。

我们觉得自己的观点是正确的

我询问了来自世界各地的人，问他们"你出错时会有什么样的感受"。他们告诉我，会感到痛苦、尴尬和沮丧，觉得自己很笨，感到不自在。我指出这些是知道自己出错时的感受，然后问他们不知道自己出错时的感受会如何，人们通常会陷入思考之中，许久不作声，努力地思考那是一种什么样的感觉，有时会吞吞吐吐地说："嗯……我觉得没什么感觉。"我认为这几乎就是正确答案了。也许更确切的答案是，在我们发现自己出错之前，错了的感觉和对了的感觉是一样的。[②]

那么，正确的感觉又是怎样的呢？我也向人们提出了这个问题。这次，一听到这个问题，他们就开始苦苦思考。有人说会感觉很自在，也有人说会感到自信。在一个大型会议厅里，片刻的沉默之后，会议厅中央传来一个声音："感觉很正常！"整个会议室里的人都笑了起来。原来回答问题的是一位首席执行官，他总是相信自己是正确的，并以此闻名。

但实际上，他指出了一个我们通常不会思考的问题。我们倾向于认为，自己在大多数时候都是正确的。丹尼尔·卡尼曼总结了他研究中的一个核心发现："我们过于自信，总是认为自己知道，但是我们显然无法充分地认识到自己的无知，以及我们周围世界的不确定性。"[③]这种现象如此普遍，可能是因为它具有适应性，起到促进作用而且是有益的。如果我们认为自己在大多数时候都是错的，就会无所适从。你可以想象这样一个场景：两个原始人在丛林中漫步，听到一阵噼里啪啦的声响。其中一个人想：这听起来像是一只危险的大型猛兽在走来，我得赶紧逃跑！于是他跑掉了。而另一个人则想：这听起来像是一只危险的大型猛兽，但实际上也可能是其他东西。我并不知道，也无法确定，所以不能草率地下结论。于是，他可能成了这只野兽的午餐。

或者，他发现了意外的惊喜。这就是矛盾之所在。不相信自己是正确的，会导致我们摇摆不定，犹豫不决，与此同时，这也会激励我们去探索和学习新的事物。相信自己是正确的，会引导我们自信地朝着一个明确的方向前进，而等待我们的可能是悬崖。难上加难的是，我们即使为了做决定而寻找信息，对正确性的自动判断也会影响我们对信息的筛选。

感觉正确让我们不再好奇，拒绝接受证明我们错了的信息

感觉正确的误区在于，它通常是一个自证预言（Self-fulfilling prophecy）。我们确信自己是正确的，所以我们不关注或忽视那些可能证明自己错了的信息。就在我编写这一章的时候，美国前总统特朗普在推特上写道："任何负面民调都是假新闻。"这恰恰是我们的大脑在大多数时候向我们传递的信息。我们不去理会那些挑战我们正确性的信息，因为我们觉得那些信息是错的。

诚如你所见，我们的好奇心就是这样被扼杀的。"确定性是一种残酷的心态，"埃伦·兰格（Ellen Langer）告诉我们，"它让我们的头脑变得僵化，不愿面对其他可能性。"虽然确定性让人感觉良好，但它实际上却让我们失去了一些人类最优秀的特质，例如开放的心态、好奇心、求知欲。如果说简单的故事局限了我们所关注的信息，以及对这些信息的理解，那么正确性这种自然产生的情感，就限制了我们对信息的搜索范围。想象一下，想知道纽约州的首府是不是纽约市，和知道纽约州的首府就是纽约市之间的区别。如果你想知道答案，就会通过询问来发现，纽约州的首府是奥尔巴尼。但如果你对纽约州的首府是纽约市确信不疑，那么你就会一直错下去，甚至不知道自己错了。这显然不仅关系到我们如何搜索信息，也关系到我们如何与他人沟通。

感觉正确意味着我们会忽视那些证明我们错了的信息。这样的例子不胜枚举，而且我们往往会因此付出生命的代价。最有说服力的一个例子是，伊格纳兹·塞麦尔维斯（Ignaz Semmelweis）在 1847 年发现了洗手的益处。塞麦尔维斯是维也纳一家妇产医院的医生，他对妇女死于"产褥热"（childbed fever）的现象感到困惑不解。他想知道为什么这种现象在城里的一家医院里频繁发生，而在另一家医院里却不常见。当时的大多数医生都相信分娩后发热是正常的，导致发热的原因有很多而且难以避免。但是塞麦尔维斯对这种解释提出了疑问，并通过调查发现，仔细洗手和认真消毒医疗器械可以大幅度地降低死亡率。对于他和维也纳的孕妇而言非常不幸的是，他的同事们确信自己对于"产褥热"的理解是正确的，从而忽视了塞麦尔维斯收集到的资料和研究成果。这种挫败感简直把他逼疯了。最终，他在精神病院与世长辞。时至今日，医生勤洗手已经成了一种基本常识。这个拯救了数百万人生命的观点在当时却是荒谬的。

感觉正确改变了我们对待他人的方式

假设在高管团队的会议上，你就团队上个月的工作项目提出最终建议。你已经阅读了每一份资料，非常清楚下一步应该做什么，也知道如何向高管团队汇报情况，并获得他们的批准。然而高管团队里有一位新同事，他是继你上一次工作汇报后加入的。他开始提出一些没有被问过的问题，你的反应是：

(1) 心怀戒备但又信心满满。你和你的团队都是专家。你知道如何回答所有棘手的问题。他可能只是想给老板留下深刻的印象。

(2) 觉得恼火，感到被冒犯。这家伙以为自己是谁，竟敢一来就问些无关紧要的问题，浪费大家的时间！他太傲慢了，以为自己在一无所知的情况下还能有所补充。

(3) 保持开放的心态和好奇心。你已经做了全面深入的思考，竟然还有人可以提出你从未想过的问题，这实在是太难得了！这家伙看问题的角度与众不同，有好奇心，他的加入对高管团队简直太有价值了！

实际情况是，没有人会选择第三种反应。这是因为我们的正确感不仅改变了我们的想法，也改变了我们的行为。在你对某件事情感到困惑和好奇的时候，如果有人向你提出了与此事相关的问题，你会觉得很有帮助（事实上，因为太有帮助了，你甚至愿意付费请高管教练向你提问）。然而，在你对某件事情非常笃定的时候，如果有人向你提出了与此事相关的问题，你会感到恼怒。你的心态决定着你如何对待向你提问的人。

我们给很多领导者提供过一个案例，让他们扮演案例中的一个角色，向另一个角色提出一小段反馈，然后倾听对方怎么说。虽然这一小段反馈仅仅是关于萨姆（Sam）在一次会议中的出格行为，但是这些领导者们在扮演萨姆的老板时，都根据如此少的信息在脑海中构建了一个完整的背景故事（当然，这是一个过于简单的故事）。然后，当萨姆给出她的观点时，他们原本应该倾听，却因为自己的观点太先入为主，而根本听不进去。他们都无一例外地认为萨姆的观点是错误的，或者说是分散了他们的注意力。于是他们试图让她回到眼前的话题，那就是她做错了什么以及应该如何改正。他们明明知道整个场景都是假设的，却仍然陷入了感觉正确的心智误区之中！萨姆在离开与老板的对话之后，通常感到不受重视和没有被倾听。我们可以理解萨姆的感受，因为无论她的视角多么新颖和重要，都会被忽视。

艾莉森邀请詹姆斯（James）一起共进午餐，席间詹姆斯针对她提议的公司变革计划发表长篇大论。就在他迅速地换了一口气，准备继续发表见解的一瞬间，艾莉森感到一股怒火从心底直往上蹿。她知道，最想保持现状的，正是这些最资深的合伙人，他们对变革最有戒心，而詹姆斯无疑是这群合伙人中最因循守旧的一个。但他在资深合伙人中享有重要的话语权，因此艾莉森希望得到他的支持。但他们一个小时的午餐会议已经过去了二十分钟，詹姆斯却一直滔滔不绝，一刻都不曾停下来，连面前的沙拉都没碰过。在詹姆斯口若悬河的同时，艾莉森心想：我这个倾听者的角色扮演得还真不错。她一边吃着自己的沙拉，一边盼望着詹姆斯的长篇大论快点结束。然而直到现在，也未能如愿。再这样下去，主菜还没上她就得赶去参加下一场会议了。忽然，艾莉森的电话响了，她看到是家里打来的。内奥米今天生病了，因此马克在家办公，顺便照顾她。艾莉森在向詹姆斯说了声"抱歉"后，离开餐桌接起了电话。

"嘿，马克，一切都还好吗?"她有点担心地问道。

"不太好，我找不到大米。她只想吃大米布丁，我到处找大米都找不到。"马克有点焦急地回答道。

"那么内奥米的病情有所好转吗?"艾莉森问道，语气中带着一丝恼火。

"没有，她还病着，而且不停地哭哭啼啼。她要我一遍又一遍地念同一本书，我分身乏术，顾不上工作。而且她还想吃你给她做的那种大米布丁。我完全不知道那是怎么做的，我甚至连该死的大米都找不到!"

"我正在和一位重要的资深合伙人开午餐会，你实在不应该仅仅为了大米布丁的做法，在这个时候打电话给我，"艾莉森带着怒气低声说道，"你自己上网搜索'大米布丁'不就知道怎么做了。另外再仔细找找食品储藏柜里有'大米'标签的罐子。"

"我真心希望你在听那位重要的资深合伙人讲话时，态度能不这么恶劣!"马克厉声说道，"看来我们上周末那些关于保持开放态度和好奇心的讨论，完全是废话，纯粹是浪费时间。"

艾莉森在电话中听到内奥米哭着喊:"爸爸，我要吃大米布丁!"然后电话就断了。她差一点就打电话告诉马克，对于那些通情达理、体贴周到的人而言，自己是一个多么棒的倾听者。但是，她抑制住了自己的冲动，因为这正是勒罗伊曾经警告过他们的心智误区。这个心智误区就是:我们只不过凭借着自己的正确感，去判断某个人是否通情达理、体贴周到。和我意见一致，你就是正确的!和我意见不一致，你就是在抱怨和挑衅。难怪詹姆斯在席间一直喋喋不休地谈论同样的问题，因为他感觉艾莉森并没有在听他说话，尽管她支棱着耳朵的同时还"嗯嗯"地应答着。他的判断是准确的，她根本没有在用心倾听。艾莉森深吸了一口气，自问怎样做才能走出这个心智误区呢?她希望能在主菜上桌前找到其中的诀窍。

走出感觉正确的心智误区

当然，感觉正确并不一定就是错的。感觉正确是一种很棒的体验：我们感到自信，对一切了如指掌，知道下一步该做什么。这是一个心智误区的唯一原因是，感觉正确与我们真的正确毫无关联。这意味着，当你感觉自己是正确的时候，有时你的确正确，然而有时却完全错了。我认为感觉正确就像宿醉一样，当时的感觉棒极了，但第二天早上就不那么好了。如果有人想知道自己是否身处感觉正确的心智误区，以及如何走出这个心智误区，那就来尝试一下这些关键问题和方法吧！

关键问题：我深信什么？我可能错在哪里

我收集各种各样的问题。我写过关于提问的力量，也一直在寻找最灵验、最实用的问题。在这本书中，你会看到我把提问作为帮助我们走出心智误区的方法，因为我确信好奇心对我们是有益的。在我的工具箱里，有两个最实用、最具变革性的问题。它们对我们走出正确性的心智误区是最有帮助的。这两个问题是：我深信什么？我可能错在哪里？

"我深信什么"之所以是一个重要的问题，有两个截然不同的原因。第一个原因是，我们如果意识不到自己有深信的观点，就会常常认为自己发现了真相：那双鞋子不好看，那个政客在撒谎，那个新的发展方向是公司唯一的出路。我们觉得自己在陈述事实真相，而不是在表达个人观点。但是，我们在意识到这些是自己的观点时，就可以将自己深信的观点，和自己对客观事实的观察逐渐分离开来。我认为那双鞋子不好看，我认为那个政客在撒谎，我认为那个新的发展方向是公司唯一的出路。指出这些是我们的观点，可以帮助我们接纳自己或其他人的不同观点，而不是纠结于对与错。

第二个原因正好相反。有时候我们真的不知道自己深信的是什么。我们兜兜转转，在各种可能性之间徘徊，迷失了方向。在这种情况下，问

"我深信什么"对找到自己的重心有很大帮助。即使前路不明，各种力量时而将我们推向一个方向，时而又将我们推向另一个方向，至少你知道自己对什么深信不疑。指出你所深信的，就像给一艘小帆船加上了龙骨，让你不再被四面而来的风吹乱阵脚。

无论你如何使用"我深信什么"，都只有在结合了"我可能错在哪里"时才最有效。"我可能错在哪里"是我认为最实用的一个问题，因为它总能帮我走出正确性的心智误区。这个问题为组织的战略发展带来过新的机遇，也为高管团队带来过新的职业发展机会。曾经，有一位即将退休的高层领导者考虑自己下一步应该做什么。他一边思考退休后的生活，一边急急忙忙行动了起来：与潜在的合作伙伴和客户会面，并列出下一步行动的计划。当他问自己"我深信什么"的时候，他发现自己有这样一个假设（感觉像是事实）。在这个假设中，他需要有一个明确的计划来规划自己如何度过人生的下一个篇章。在过去的四十年里，他总是把自己的日程排得很满。一想到退休后可能无所事事，他就非常担心，于是积极地找一些事情来填满退休后的时间。"我可能错在哪里"这个问题难住了他，因为他一直以来都深信，今天明确自己下个月做什么是正确的选择。

当他开始思考自己可能错在哪里的时候，他想知道，把心思都放在人生的下一个篇章，是否会让他失去当下生活的快乐呢？此外，他想知道在退休四个月或六个月之后，是否会有更好的机会出现。如果他提早做好规划，也许会与那些机会擦肩而过。他决定不再安排退休后的生活，当被问及退休后的计划时，他回答："我还不确定。我想好好享受眼下即将结束的人生篇章。"出乎他意料的是，他发现自己的确非常享受当下。一年后，他意识到如果没有向自己提出这两个问题，他会错过一段最宝贵的时光。在那段时间里，人们为了纪念他的职业生涯而举办了各种庆祝和道别活动。此外，他也会错过退休后的一些机会。"我深信什么？我可能错在哪里？"这两个问题不仅改变了他的处事方式，也改变了他的生活。

关键习惯：为了学习而倾听

如果我们向自己提问，是走出感觉正确的心智误区的关键，那么我们回应他人的方式，可以帮助我们逐渐远离误区。当我们试图摆脱感觉正确的心智误区时，我们需要迈出的最重要的一步，就是改变我们倾听的方式。事实证明，在大部分时间里，我们是为了要赢而倾听。顾名思义，这种倾听是为了证明自己是对的，别人是错的。读到这里，你可能会想："哇，珍妮弗一点儿也不了解我，难道不是吗？我其实非常善于倾听，从来不去证明别人是错的。"如果你有类似的想法，那么你倾听的目的就是要赢。

这并不是因为我们好斗或爱争论。我们为了要赢而倾听常常是出于善意。实际情况往往是这样的。你的同事或伴侣会说："没有人真正注意到我做了多少贡献，我感到很沮丧！"而你会说："我相信每个人对你出色的工作表现都是心存感激的！"这可能是真的，有时这么说甚至是有帮助的，但是你倾听的目的是修正对方的观点。

第二种最常见的倾听方式是为了解决问题而倾听。我敢肯定，你对此并不陌生。有人向你倾诉的时候，你会想：哦，我可以帮你处理好这件事！所以，当你的朋友说"没有人真正注意到我做了多少贡献，我感到很沮丧"时，你会说："你试过把完成的项目都列举出来，让人们都知道吗？"这可能是一个不错的建议，也可能会对这个人有帮助，但是你并没有认真地倾听对方在当下的真实想法。

这两种倾听方式的共同之处就在于，我们或多或少地认为自己是正确的。当然，我们或许真的正确。世间万物瞬息万变，其复杂程度是我们的大脑无法轻松应对的，而这些倾听方式只会让我们在感觉正确的心智误区里越陷越深。想要走出这个误区，我们需要为了学习而倾听。

想要做到为了学习而倾听，我们需要留意自己的假设。当我们假设自己是正确的时候，我们会为要赢或解决问题而倾听。我们需要抱着向对方学习的态度，加深对问题的理解，而不要立刻提供帮助或解决方案。为了学习而倾听需要我们慢下来，试着用几分钟去深入了解情况。所以，当你听到"没有人真正注意到我做了多少贡献，我感到很沮丧"时，你可以尝试为了学习而倾听，说："嗯……你感觉自己做了很多贡献，但没有得到相应的认可，是吗?"(在说这句话时，你应该以开放的态度，充满好奇心，让对方觉得你是真心想知道，否则会给对方一种讽刺的感觉)然后你的同事、伴侣或朋友可能会说:"是的，没错!"或者说:"嗯，就是这样。我甚至不确定自己是否做出了贡献，因为我从来没有收到过任何反馈。"或者说:"算是吧，我想自己是不是太依赖别人的反馈了，以至于不相信自己的判断。"或者有其他的回答。关键在于，如果你从一开始就加倍小心，避免轻信感觉正确，那么你可能会发现，自己听到的信息为解决方案提供了全新的可能性。

相信自己是正确的，会缩小我们的选择范围，忽视其他可能性。然而我们在大多数情况下并没有意识到这一点，这就是为什么感觉正确是一个心智误区了。但是，如果我们接受自己可能会出错，我们的眼前就会出现一幅全新的画面。我们会变得更加好奇，更善于倾听，更擅长解决问题。

回到凯瑟琳·舒尔茨，她对感觉正确(和错误)有深入的研究。她告诉我们:"我们错误地理解了'错误'的定义。出错绝不是智力低下的表现，相反它是人在心智成长的过程中必不可少的体验。它非但不是一种品行问题，而且与我们那些最人道、最高尚的品质密不可分，这些品质包括同理心、乐观的态度、想象力、信念和勇气。出错绝不是冷漠或偏执的标志，而是帮助我们学习和改变的重要因素。得益于出错，我们才可以重新认识自己，修正我们对世界的认知。"[④]

走出感觉正确的心智误区有助于人类的共同进步。

第四章

渴求共识的心智误区：
盲目达成共识会埋没你的好点子

"我有个好消息！"马克突然冲进会议室，勒罗伊正在和艾莉森在里面开会。"不好意思我来晚了，但这次并不是因为我和团队的会议超时。相反，今天的会议进展得非常顺利，团队成员对每一项举措都能在讨论之后达成完全的一致。我想我已经对复杂性的要领了如指掌了，今天开会的全过程就像一部加了润滑剂的机器，运转得十分顺畅！"

艾莉森和勒罗伊听了忽然大笑了起来。

"怎么了？是我的牙缝里卡了什么东西吗？"马克用指甲戳了戳自己的牙齿，"还是我裤子的拉链没拉？"他低头往下看。

"都不是，只是我们刚刚在讨论一个新的心智误区，"艾莉森告诉他，边说边咯咯地笑着，"然后呢，呃，碰巧你就冲进来，为自己走进了这个心智误区而沾沾自喜。"

"不可能！"马克说，"我告诉你，我在这次会议上完全没有陷入任何心智误区！我对自己想象中的那些简单故事提出了疑问。我问过自己深信什么，也问过自己可能错在哪里。所以，作为对我领导力的肯定，整个团队齐心合力，很快就达成了共识！"

"所以你应用了我们之前讨论过的那些走出心智误区的方法？"勒罗伊问道。马克高兴地点了点头。"然后你的团队成员之间几乎没有出现任何分歧，整场会议就像一部加了润滑剂的机器，所有零件都配合得天衣无缝，这让你感到既顺畅又轻松？"

马克再次点头："完全正确！大家不再争吵，也不会为了证明自己的方案是最好的而一争高下。肯德拉在会上提出了一个绝妙的想法，我采用'我们深信什么？我们可能错在哪里？'这一套方法，去理解其他团队成员的反对意见。然后我用'为了学习而倾听'的方法给了他们一个措手不及，我告诉他们我听出来他们实际上是在向肯德拉的想法靠拢。一旦这些人觉得自己的意见被接纳了，他们就会放下顾虑，真正地就肯德拉的绝妙想法达成一致。我这套组合拳打得太漂亮了，而且完全奏效！勒罗伊，你真是个天才！"

"你采用了'为了学习而倾听'的方法？"勒罗伊试图板着脸忍住不笑。

"或许我的措辞不够恰当，"马克解释道，"我的意思是，我可以听到这些反对意见背后的一致性，所以我只是偷偷地加入了一些有关'认真倾听'的方法，让他们自己也能听到背后的一致意见。"

"所以你认真倾听的目的是让他们向彼此学习。"艾莉森一语中的地指出。

"就是这样！而且他们真的做到了！"

"我认为你用的方法实际上是'为了解决问题而倾听'，或者甚至可以说是'为了要赢而倾听'。"勒罗伊指出。

"不可能！我是单纯而认真地倾听，这样他们就能更好地理解彼此的想法，然后……"马克的声音越来越小，"糟糕，好吧，我完全是为了解决问题而倾听，或者说是为了要赢而倾听。"他垂头丧气地瘫倒在椅子上。"但是勒罗伊，这场会议的确进展得非常顺利呀！"

"勒罗伊刚才正要向我介绍盲目达成共识这个心智误区，"艾莉森微笑着说，"现在，有你这个现成的例子，他可以借题发挥了。"

渴求共识的诱惑与误区

人类通过达成共识来建立与彼此之间的联结。达成共识作为支撑原始人类生存下来的力量，已经成为我们的本能反应。如今，我们已经进化成没有利爪尖牙的生物，跑得比我们的天敌和猎物都要慢，却站在了食物链的顶端。正是我们的团队协作能力，弥补了我们身体上的缺陷。为了让个体愿意牺牲自己的利益去换取集体的利益，个体需要建立联结。神经科学家马修·利伯曼（Matthew Lieberman）的突破性研究表明，我们的大脑使我们对社会互动特别敏感。利伯曼发现，大脑所感受到的社会疼痛（Social pain）与身体疼痛完全一样。社会疼痛包括心碎和被拒绝这样最剧烈的疼痛，也包括认为别人不喜欢自己，或感到自己被孤立这样日常的疼痛。让我们先思考一下这个观点！正如第二章里马克所遇到的情况，认为你的同事在排挤或者在背后议论你，会让你感到疼痛，而这种疼痛与你的脚踝受伤时所感受到的疼痛是一样的。①难怪我们如此渴望所有人都能和睦相处！利伯曼认为，"浮士德式的进化交易"（Faustian evolutionary bargain）让人类拥有了大脑，以及在群体中沟通协作的能力，但是"当我们在乎的人拒绝我们，或对我们的爱有所保留的时候，我们要为之付出代价，这就是感受切肤之痛的代价"。

这种对达成共识的渴望解释了人们为什么不能妥善地处理工作中遇到的分歧。你会发现，我们对社会疼痛的抵触，或者说是我们在潜意识里对社会疼痛的抵触，让我们担心自己会遭到拒绝，从而形成意见一致的假象。更加令人沮丧的情况是，有的人和你在一起的时候，会赞同你的观点，但是他在和与你立场相反的人在一起的时候，也会赞同对方截然不同的观点。尤其具有挑战性的情况是，有的领导者在面对上级的时候会赞同上级的意见，而在面对下属的时候又会赞同下属的意见。事实证明，我们已经习惯用一些无益的方式来达成一致。我们认为，接受别人的意见是一种美德，而分歧应该用妥协来解决。这样的想法就是心智误区，而且会带来两种结果：在与人交往的时候，我们会迫切地希望与对方达成一致；一旦分歧无法化解（通常是一个群体联合起来反对另一个群体），两个群体往往会两极分化、针锋相对。在复杂的情况下，盲目达成共识和两极分化都是误区。

我们认为接受别人的意见(agreeability)是一种美德

这是我们的固有观念，认为与他人和睦相处是一件好事。当一对情侣第一次约会时，他们会挖掘各自生活中的点点滴滴，寻求共同点。每找到一处共同点，他们的大脑就会分泌多巴胺。一致性带来的感觉真的很好，而这种感受的真切程度与糟糕的社会疼痛感的真切程度是一样的。在我提供过管理咨询服务的许多组织中，人们认为"真诚的、通常像'家人'一样、能与人和睦相处的员工"是企业文化的重要元素之一。[②]事实上，丹尼尔·科伊尔(Daniel Coyle)在《文化密码》(The Culture Code)一书中指出，在形容高绩效组织的文化时，最常见的一个词是"家人"。[③]

然而，家庭归属感无论令我们感到多么愉悦和受益，都会让我们在复杂的情况下处于不利境地。心理学家多年来一直在观察群体之间的互动，试图弄清楚为什么群体倾向于忽视他们所拥有的丰富信息和观点，而只是一味地重复达成一致的行为。研究人员发现，我们更有可能谈论那些我们认为会得到赞同的信息，即使这意味着隐瞒重要信息。从心理学的角度来讲，提出一些与主流意见不同的观点是非常困难的。心理学家把这种对新信息的隐瞒称为"社会惰化"(social loafing，这个术语很恰当，是不是?)。[④]也就是说，如果奎因(Quinn)和阿尼(Arnee)都在谈论顾客投诉新一季产品的情况，珍妮特(Janet)更有可能表现出"社会惰化"，也分享她在顾客投诉方面的经历，即使她的一些顾客非常喜爱这季产品。这说明我们并没有对整个主题或问题进行全面的了解(包括那些不被彼此认同，甚至容易产生分歧的观点)，而是聚焦在我们能够达成共识的事情上了。

这一切意味着我们保留了相互矛盾的信息，而这些信息对于我们在复杂的情况下找到最有帮助的解决方案，是必不可少的。我们会把分歧深深地隐藏起来。我们在最渴望归属感的组织里，害怕自己不被接纳的恐惧感被放大了。人们在这样的组织中会窃窃私语："这里的同事们都非常努力地对彼此表示友好，而不愿意在任何事情上开诚布公。"这种对融洽相处的渴望会让我们丧失勇气，让我们不敢说真话，不敢尝试，不敢承担失败的风险，也不敢在看似意见一致的情况下指出矛盾。即使我们对分歧避而不谈，分歧也依然存在，而且会从言谈举止中流露出来，例如，拒绝遵守团队一致做出的决定，或在开会之前开小会拉拢同事站队，或在会议结束后开小会分析情况并决定实际操作。

这种工作方式显然是耗费时间的，因为我们不得不开更多的会议，而且在团队没有真正统一意见的情况下，我们也不会履行团队所做出的决定。但是在盲目渴求共识的心智误区里，时间还不是最严重的资源浪费。如果没有观点的交锋，我们可以采纳的选项会少之又少，因为我们把精力都放在融合观点和妥协上了。

我们认为分歧应该用妥协来解决

我们从小就被教导，在双方意见不一致时，我们应该做出妥协。你做出一些让步，我做出一些让步，最终找到一个折中的方案。这种处理分歧的方式既发生在职场中，也发生在家庭生活中。任何一方获胜似乎都不太公平，因此我们倾向于让每一方都做出一些牺牲，这样就可以共同寻求一个合理的解决方案。利伯曼也对公平进行了广泛的研究。他指出，当我们认为某件事是公平的时候，我们大脑中的多巴胺受体会被激活，而这也正是我们在体验愉悦时所激活的受体。因此，利伯曼半开玩笑地称他的结论是："公平尝起来就像巧克力。"[5]

这意味着我们注定要妥协。一项又一项的研究表明，我们只要认为可以提高公平性或者降低不公平性，就不惜放弃最有利的选择，因为就我们的大脑而言，公平似乎更像妥协。这从进化的角度来看是可以理解的，因为我们的祖先生活在社会群体之中，需要协作，分享狩猎的战利品，并开始交易。在简单的情况下，妥协很可能是最好的选择。如果我想用四只鸡向你换一双鞋，而你想用这双鞋换六只鸡，那么也许五只鸡是适合双方的交易方案。但是，如果我想把产品的受众扩大到 7 岁至 12 岁的人群，而你想把产品的受众扩大到 45 岁至 60 岁的人群，那么我们各让一步，聚焦在31 岁上，这种做法恐怕帮助不大。

虽然妥协可能让人觉得公平，但是在复杂的情况下，这种做法通常是错误的。人们往往在妥协时将两种选择合二为一。在复杂的情况下，选择多多益善，因为你不可能事先知道哪些选择会带来回报。因此，妥协的冲动会让你将两个可行的选择变为一个平庸的选择。这并不意味着胜利，即使妥协对于我们的大脑而言，像巧克力一样美味。

我们在不能妥协的情况下会两极分化

盲目达成共识作为心智误区的另一个特征，印证了人的本能反应并不适合一个复杂的世界。这个特征也是人的共性，而且会将我们推向另一个极端。这就是：如果找不到一个中立的方案，我们往往会放弃妥协，拉帮结伙，搞两极分化。

在经历了英国脱欧和特朗普当选的大动荡事件之后，我们对两极分化有了切身的体会。事实证明，在大多数棘手复杂的冲突中，我们的处理方式是将问题过度简化（你在第二章见过这种心智误区），然后认为那些和我们意见一致的人是正确的，那些和我们意见不一致的人是敌人。研究棘手的冲突的彼得·科尔曼提醒我们："我们在生活中倾向于追求确定性和一致性，而冲突则大大加剧了我们追求确定性和一致性的迫切感……这常常导致我们完全误解了所发生的事件。"[6]

这种误解意味着，我们在听到挑战自己信念的证据时，并不会放下自己的观点，接纳新的可能性，反而会对原有的信念更加深信不疑。休·麦凯（Hugh Mackay）将这种现象称为"加固思维牢笼"（strengthening our cages），也就是说，我们被原来的思维模式所局限，变得更加顽固不化了。我们也会变得有些偏执多疑，认为其他人或群体会伤害我们，例如，罗伯特·瓦隆（Robert Vallone）和他的同事们给斯坦福大学里自认为支持阿拉伯人的学生，和自认为支持犹太人的学生，都提供了一系列有关犹太人和巴勒斯坦人冲突的新闻剪报。[7]这两组学生都认为文章中的内容不仅将他们所支持的一方置于不利的地位，而且还不公正地宣扬推广了另一方的观点，并为此感到沮丧。然而，关键就在于，这两组学生所阅读的文章其实是一样的。

"又是泰国菜?"马库斯走进会议室的时候问道,"你昨天居然没有训诫我们。"

马克歪着嘴笑了笑,用春卷蘸了蘸甜辣酱。这时其他团队成员也陆续坐了下来。"我昨天想试着让大家放下戒备,"马克一边说一边往嘴里塞食物,"大家觉得效果如何?"

"这次素食的选择还是不多嘛,"肯德拉说,"哦,不过你点了我最爱的柠檬草豆腐!"

马克擦了擦手,拿起一支白板笔:"是这样,我今天再次召集大家的原因,是继我们昨天超级成功的……"

"而且很快就结束的!"马库斯插话道。

"是的,昨天的会议很快结束的原因是大家迅速地达成了共识。我今天之所以再次召集大家,是因为我觉得大家的意见太过统一了,我想问问还有没有其他观点。"

"你是说让我们提出不同的意见?"凯利问道,"嗯,你确定刚才在泰式罗勒炒鸡上浇的是酱油吗?"

"是的,"马克说,"我请教了勒罗伊……"

"勒罗伊太棒了!"肯德拉赞美起来。

"勒罗伊指出,或许我们昨天达成共识的速度太快了。这并不是说肯德拉的建议不够成熟,而是或许我们应该再征求和探讨一下其他不同的建议。"

"哎,所以你的意思是我们要推翻昨天的结论从头再来?"凯利抱怨道:"为什么要这么折腾呢?我们从来没有像昨天那样迅速地做出过决定!"

"没错,但问题是,"马克继续说道,"我并不是说我们不继续肯德拉的想法。我的意思是,你们可能持有不同的观点却来不及分享,或者当大多数人都开始倾向赞同肯德拉的观点时,你们可能觉得提出反对意见不太好,就不了了之了。所以我并不是要求你们推翻昨天会议的决定,更不是要求你们不去执行已达成一致的方案，而是在这个方案的基础上加几个小试验。这些试验可以是从肯德拉的想法衍生而来的，或者甚至可以是朝着完全不同的方向发展的。也就是说，我认为，我们总是为了避免分歧而畏首畏尾，才没有机会练习利用分歧去寻找全新的可能性。"

"但是，你昨天对会议的结果非常满意呀！"马库斯说。

凯利补充道："是啊，我们昨天都接受肯德拉的想法，她很久没像昨天那么开心了。"

"一语中的，"马克点点头说道，"我认为我们已经把'达成共识'和'喜欢某人'，或者和'让某人感觉良好'混为一谈了，而且我们一直将'分歧'误认为一个我们需要去解决或搞定的问题。但是，如果我们能够将这些不同的概念区分开来，甚至能在不需要达成共识的情况下快速地做出决定，同时确保大家的不同观点在最终的决定中有所体现，那么又会给我们带来什么样的惊喜呢？再或者，如果我们都相信分歧实际上是在帮助我们发现更多、更好的选择，而不是让大家的观点针锋相对一决胜负的话，那么又会有怎样的结果呢？你们愿意试一试吗？"

走出渴求共识的心智误区

我也喜欢与人达成共识，从来不喜欢冲突。然而，这些年来我所看到的是，在面对复杂的情况时，我对达成共识的渴望和对冲突的厌恶，促使我用毫无帮助的妥协作为解决方案，或者更糟的是，我在坚持自己的立场时，在僵局中进退维谷。虽然能够辨别孰敌孰友对人类的进化至关重要，但是我知道，这种做法已经变成我们现在必须要摆脱的心智误区了。

解锁这个心智误区的关键，就在于重新定义达成共识和冲突的含义。我所说的并不是像有的组织那样，要求你能够客观地对待自己的想法，在你宝贵的建议被团队否决时，可以振作起来，并欣然接受。我所说的也不是让你将自己保护起来，让自己刀枪不入，或者草率地直言不讳。我的意思是，我们可以将冲突（在谨慎处理的情况下）理解为一种增进人际关系的方式,将分歧(在谨慎处理的情况下)视为一种获得更多解决方案的方法。

关键问题:这场冲突可以帮助我们建立更深的关系吗

在关于冲突的研究中,我听过的最有帮助的问题之一来自高管教练凯瑟琳·菲茨杰拉德(Catherine Fitzgerald)。[⑧]她在帮助领导者面对冲突时所提出的问题,不是关于能否在冲突中赢得胜利,或者冲突本身是否值得,而是关于冲突对关系的影响。这里所指的影响并不是破坏人际关系,例如,"你愿意在这场冲突中拿你们的关系来冒险吗?"而是增进人际关系。她说过:"面对冲突只是为了深化彼此的关系。"换句话说,这场冲突可以用来加深你们的关系吗?

这个问题对我和像我一样为达成一致而苦苦挣扎的人来说是革命性的。让冲突帮助我们找到解决方案,而不是一争高下,这是一个挑战。想找到解决方案,人们就先要加深对彼此的了解,然后才能找到第三种方案,一种任何一方都没有考虑过的方案。你最想解决的冲突,实际上是一股增进人际关系的力量。

如果想利用冲突来改善情况,我们就不得不改变我们的做法。我们只有在"为了学习而倾听"时,才能充分理解对方的观点。我们必须不带偏见、不加评判地提出我们的观点,牢记其他人即使持有不同的观点,仍然可能是正确的。我们要直面冲突的风暴,而不是躲避冲突,或者假装冲突不存在。

以贾马尔(Jamal)为例,他和他团队里的一名成员发生了冲突。马修(Matthew)不仅没有兑现他的承诺,还占用了高管团队大量的时间,来发泄自己对贾马尔和其他团队成员的不满。贾马尔非常欣赏马修,不想伤害他。但他最终意识到,他想和马修融洽相处的努力反而成了他们之间的障碍。他知道自己需要鼓起勇气向马修开诚布公。于是他们进行了一次交谈。首先,贾马尔坦言这次交谈是为了加深彼此之间的关系,因此他会直面潜藏的冲突,那就是他们对彼此都有怨言。然后,贾马尔尽量客观地表达了他所观察到的马修的行为,以及自己的感受。当贾马尔邀请马修用同样的方式表达时，他认真地倾听。他不仅了解了是哪些事情让马修感到苦恼，也理解了这些事情让他苦恼的原因，以及这些事情为什么对他如此重要。

在表达了顾虑和倾听了彼此的心声之后，他们得出了一个结论，那就是贾马尔需要马修完成的工作，不再是马修想从事的工作。马修决定离开公司，而贾马尔开始竭尽全力地为马修寻找一份他会热爱的工作。他们直面冲突和倾听对方观点的能力挽救了他们，让他们避免了一场可能会长达12个月的消极对抗：马修继续厌恶他的工作，而贾马尔需要马修完成的工作也毫无进展。相反，他们虽然即将各奔前程，但是仍然加深了彼此的关系，重建了对彼此的信任与尊重。

关键习惯：表达不同意见来拓展可能性

正如我们可以直面冲突来加深关系，我们也可以提出不同的意见来拓展可能性。在可预测的情况下，我们更容易找到正确答案，例如，你可以研究其他人都做了什么，然后照做即可。但是在不可预测的时代，提出一个曾经尝试过的方案并没有太大帮助，因为没有人知道这次会出现什么样的结果。

许多公司都在为如何应对自动化的飞速发展，以及如何将部分责任转移到其他成本较低的国家而绞尽脑汁。那些支持建立（或购买）计算机系统的人，和那些支持将呼叫中心或数据中心转移到海外的人各执一词，他们利用大量的数据和精美的图表来证明自己是正确的。每一项举措都会对公司的开支和团队的士气有巨大的影响，因此高层团队一次又一次地开会争论，但结果往往是人们更加固守自己原先的立场。

一个专业服务公司的高管团队希望借助分歧来拓展可能性。他们发现，向两个、三个或五个方向同时进行小规模的尝试，比将所有筹码都押在一个决策上，并寄希望于此要好得多。他们决定，与其试图找到最佳方案，不如将注意力转向找到一系列可行的方案，以及如何在小范围进行小规模的试验。主张将部分需求外包的团队，可以在小项目中得到与其他团队合作的机会。主张自动化的团队可以尝试将工作的一小部分自动化，或者让一个团队或部门（尤其是那些最希望实现自动化的团队或部门）有机会对小规模的自动化系统进行投资。他们集思广益，找出多种规模小、见效快的试验。这些试验让他们朝着不同的方向同时做出尝试。他们也意识到，最初的两极分化局限了他们的思路。会议结束时，他们决定做三四个小试验，然后在四个月后汇报结果。

关键是，在社会复杂、快速变化的情况下，我们永远无法在最佳方案上达成一致，因为那根本就不存在。但是我们也不想在面对冲突时两极分化，更不想固守我们原有的观点。所以我们要记住，复杂的情况有太多的细节和观察角度，以至于我们每个人所看到的可能性都略有不同。即使有些人的观点令我们感到匪夷所思（而且似乎是错误的），他们也为我们指出了一些在复杂的系统中需要关注的地方。只有这样，我们才能摆脱一味地与他人盲目达成共识的心智误区，将冲突和分歧作为增进人际关系的方式，从而拓展我们的可能性。

第五章

渴望掌控的心智误区：
试图掌控会削弱你的影响力

　　马克一家在某天晚餐的时候经历了一系列突发事件，全家人当时感到哭笑不得。但是第二天，马克和艾莉森在与勒罗伊的周会上聊起这段插曲时，又获得了新的启发。马克一如既往地迟到了，当他走进会议室的时候，艾莉森正在向勒罗伊讲述前一天晚餐时的场景。"所以内奥米说，'妈妈，你能不能放下手机专心和家人吃饭呀？'我每天晚餐时都会问马克至少两遍这个问题，内奥米其实是在模仿我的语气，但是从她嘴里说出来怪怪的。我告诉她，我必须在欧洲市场开市之前处理完一些事情，当我带着歉意看着她时，我的拇指误碰到了手机上的发送键，随之而来的是信息发出去的声音。那条信息涉及的内容非常敏感，发出去的是尚未编辑的版本！"

　　"就在这时，一直在椅子上晃来晃去的泰特突然失去平衡摔倒在地上。摔下去的时候，他到处乱抓试图自救，没想到抓住了那块'关于古希腊的五十件趣事'的餐垫，连垫子带食物一起扯到了地上。'我没事！'他躺在地上说，洒落的意大利肉酱面挂在他的身上，那滑稽的场景简直就像现代装置艺术。马克和内奥米顿时大笑了起来，而此时的泰特借题发挥，竟然吃起了落在他胸前的意大利面，凡是舌头够得着的，他都动作夸张地喷喷吸进嘴里。他的那个举动让马克和内奥米更加失控地爆笑。说真的，如果把当时的场景拍成视频传到网上，恐怕一夜之间就有百万的点击量了。"艾莉森笑着讲述道。

　　"但是我，"她突然严肃地说，"我被吓坏了，一时间不知所措，开始对所有人大声斥责。责怪内奥米让我放下手机，责怪泰特在椅子上摇晃，责怪马克没有立即清理地上的意大利面。虽然这件事没有造成实质性的伤害，却让我感到不知所措、恐慌不已，我简直如坐针毡！"

勒罗伊笑了起来："听你这么说，我倒是可以想象地毯上留下了多少污渍。真是场悲剧啊！"

"真正可悲的是，我在家庭里和工作中似乎完全失控了！很抱歉我错过了上次和你们的会议。我实在太忙了，挤不出时间。你有什么建议，可以让我复杂又失控的生活重新回到轨道上，任由我掌控吗？"

"哈！抓个正着！"马克说，"上次因为我用了为了学习而倾听那套组合拳对待我的团队，你们俩都嘲笑我。但是我亲爱的妻子看起来也好不到哪里去，还不是想掌控一切，从餐桌上飞舞的意大利面，到公司里顽固不化的合伙人！"

"抓个正着？"艾莉森疑惑地问道。

"试图掌控也是一种心智误区！"马克欣喜地告诉她，"无论在家庭里还是在工作中，你都陷入心智误区了。在面对复杂的情况时，想去掌控往往会适得其反。你要知道，在复杂的情况下，你无法让事情按照自己的计划发生。你必须，嗯，做点别的什么。"

"嗯，做点别的什么？而不是让事情按照我的计划发生？那我该如何向董事会解释这一点？'对不起，董事会成员们，由于在复杂的情况下我无法让事情按照计划推进，我只能做点别的什么了！'这就是今天要讲的新智慧吗？"

勒罗伊对他俩笑了笑说："也许轮到我上场了。"

渴望掌控的诱惑与误区

乔纳森(Jonathan)正在和一位高管教练讨论工作中令人不知所措的复杂性。当他谈到想要了解复杂性时，他告诉这位教练，他知道自己需要放弃控制，也许教练可以教他如何对"放弃控制"进行掌控。"我想放弃不得不放弃的控制，但仍然对那些重要的事情有足够的掌控，这样我才能高枕无忧。"

这是我们都想要的，不是吗？我们知道，说"我们需要放弃控制"是正确的，但是我们能不能不去控制那些对于我们来说不重要的事情，而继续控制那些非常重要的事情呢？

哦，很遗憾，我们不能。

渴望掌控是一种心智误区，因为它像其他心智误区一样，在复杂而快速变化的时代，把我们引向完全错误的方向。当然，在一个可预测的世界里，对于领导者来说，尽可能地把自己的工作控制好是非常重要的。想象一下，一位酒店经理对准备入住的客人说："我很抱歉，女士，虽然您预订了房间，但是我现在找不到您的订单了！您知道，这是一个不可预测的世界，根本没有办法掌控任何事情！有时客人可以登记入住，我们给他们提供房间，有时他们即使预订了房间，我们也找不到或者根本不能给他们提供房间。这真是太遗憾了，但在这个瞬息万变、错综复杂的世界里，我一个经理又能做什么呢？"面对这种可预见的问题，这位经理应该做的是加强系统管理，防止这样的错误再次发生。

然而，在不可预测的领域，试图掌控一切是徒劳的。遗憾的是，这并不意味着我们可以对真正重要的事情保持控制，对不重要的事情放松控制。相反，生活中最重要的事情往往是最不可控的。

以养育子女为例，这是我们任何人都有可能经历的最复杂的工作之一。如果我们能放弃掌控那些不太重要的事情（例如，他们是否按照牙医的建议刷牙三分钟）以换取对更重要的事情的控制（例如，他们午餐时和谁混在一起，他们放学后是否在工具棚后面抽大麻），那就太好了。当然，有些父母试图在更多方面掌控子女的生活，规定他们的社交范围，甚至给他们做药物测试。这就像许多复杂情况下的控制行为一样，当他们为摆脱父母强烈的控制而频繁地向父母撒谎时，往往会产生事与愿违和不堪设想的后果。

带领团队也是一样。事实上，酒店经理可以学会管理入住流程中的大部分事情，因为这些事情基本上都是可以预测的。但他无法掌控是否有网红因为在酒店与女朋友吵架而大发雷霆，在社交媒体上发表对酒店不公平的评论，严重损害酒店的声誉。在遇到维护声誉这类复杂的突发情况时，我们总是试图掌控与之相关的所有因素。但是，我们为掌控局面所做出的各种努力，比如向客人绽放更灿烂的笑容，可能会让情况变得更糟（"嘿，妈妈，为什么这个酒店的工作人员都笑得那么奇怪啊？"）。

我们在生活中时常有这样的经历：我们知道，当局势不在我们掌控之中时，抓得太紧反而会让情况变得更糟，但我们却不由自主地纵容自己的控制欲。事实上，我们的幸福感本身与我们是否能掌控自己的生活休戚相关。①我们的控制欲永远存在，这一点不会改变。但是我们可以改变对拥有控制力的理解。我们往往不会注意到自己正在用一个次要的（有时是无济于事的）结果去代替一个我们真正想获得却无法控制的结果。最后，如果感觉情况失控，或者结果不符合我们的预期，我们就会本能地责怪其他人。具有讽刺意味的是，在这个复杂而又不可预测的世界里，所有这些关于渴望掌控的心智误区，都会降低我们对局势的影响力。

我们相信控制力对我们的成功和幸福至关重要

我们相信控制局势比失去控制让我们更加快乐，这一点没错。我们相信自己有能力掌控自身的处境，这种信念有时会被称为"自我效能感"（Self-efficacy），而它与幸福感之间存在着广泛的联系。斯坦福大学教授阿尔伯特·班杜拉（Albert Bandura）毕生致力于研究人类自身与控制的关系，他写道："对自己的生活方式和品质加以控制，是人性的本质。"②但是，与其他心智误区一样，我们对渴望掌控的含义有自己简单的理解。我们常常认为，我们有能力直接控制一切对于我们而言重要的结果，比如，我们应该有能力控制自己何时遇到未来的伴侣，何时孕育子女，如何发展事业，等等。作为领导者，我们相信自己有能力掌控企业文化，或者掌控员工对顾客的关注度，或者掌控企业的安全文化。然而，这些都是一整套复杂系统的突发结果。而我们认为自己可以掌控局势的决心，会导致一些适得其反的结果。

也许最违背本意的结果之一，就是我们为了让自己快乐而不断地追求控制力，却因为对错误的事情加以控制，反而让自己变得更不快乐。我们需要深入地思考，我们能够控制的事情有哪些，以及如何控制这些事情。这可以帮助我们获得一种更扎实的幸福感，让我们少去指责，多为梦寐以求的结果创造条件，与此同时，学着调节自己的心态，积极面对挫折。

如果我们不能控制大局，就会用控制细节来替代

通过上述讲解，我们已经了解到，我们的大脑非常善于偷梁换柱。你觉得自己考虑到了所有实际情况？也许你只了解了一个过于简单的故事。你觉得自己对某些事情了如指掌，考虑到了所有突发状况？也许你陷入了感觉正确的心智误区。你觉得自己纵观全局，努力掌控着一整套复杂的系统？也许你只注意到这个系统中可以测量的指标，就此以偏概全。

有些读者可能已经阅读过我之前出版的几本书，你们会发现，面对复杂的情况，我一般会立场坚定地反对大家设定目标。有些事情超出了我们的控制范围，但是我们对控制的渴望，往往会导致我们一意孤行，采取无益的举措。我们会用一个可以衡量的小事来代替我们重视却无法衡量的大事。我们在抵挡不住诱惑，去控制系统中看似可控的因素时，就陷入了误区。我们看到，病人在医院里没有得到良好的护理，就设定目标，规范患者从踏入医院大门到入院，再到接受治疗或出院的时间。我们发现进入寒冬之后，道路状况让出行变得非常危险，就设定目标，要求在一定时间内修复坑洼不平的路面。此类事件所存在的问题是，人们会着手解决那些小问题，而忽略了更大的目标。在前面两个范例中，有些人在病人的护理问题上以偏概全，要求在限定的时间内完成治疗；有些人采取临时措施，迅速修复路面，以完成自己的任务。他们在实现目标时，也偏离了方向，忽略了更重要的目标。[③]

在生活中，我们也有类似的经历。我们购买特定型号的汽车或特定户型的公寓，并相信这种方式可以帮助我们掌控自己通往幸福的道路。我们相信只要子女的平均成绩能保持在一定的水平，我们就能掌控他们的成功之路。回想一下，我们上一次追求的某个复杂目标，比如成功、幸福或健康。现在想想，你当时有没有用一个更小的目标取而代之，比如升职，买套新房子，寻找新伴侣，度假，减肥，不再吃面包和黄油？我们聚焦在这些代表成功的小目标上，限制了自己的眼界，也忽略了自己在工作和生活中真正想要的。

当局势失控，我们会归咎于人

"在我的整个职业生涯中，我一直认为经理有很强的控制力，"塔玛拉（Tamara）回忆说，"但是，我清楚地记得那一天，我惊讶地发现，他们的控制力远比我想象中的要弱得多。那大概是我升任经理的第二个月，我信步走入公司，认为自己可以改变一直以来支离破碎的状况，并最终掌控全局！可我在试着采取措施，做出改变的时候，却一无所获。我原以为人们会欣赏那些真正有所作为的人，结果却发现我的努力让所有人因为各种原因对我心怀愤恨！"塔玛拉遇到的情况非常普遍。人们相信，在组织中比自己高一两级的人拥有我自己所欠缺的控制力。大多数人都认为，我们对重要的事情缺乏足够的掌控无非有两个原因：要么是自己用错了方法，要么是其他人掌握真正的权力，影响着整个局势。[④]

有趣的是，有些时候领导者的管理职位越高，就越不认为自己可以掌控局面。新上任的 CEO 往往对此最为诧异。在整个职业生涯中，他们一直等待掌握那终极的控制权。但通常他们会惊讶地发现，与曾经担任的任何其他职位相比，他们反而觉得自己的控制力变弱了。这就好像我们抵达顶峰之后，再也找不到比自己更强大、可以真正控制局势的人。人们总是认为在某个地方有某个人可以完全控制全局，然而这些 CEO 最终不得不摒弃这个神话，开始相信只有各种力量相互叠加才能创造未来。

然而，我们大多数人并没有机会通过升任 CEO 来认识到这一点。我们往往会陷入心智误区，在失控的时候把问题归咎于个人。但如果我们认真地思考就会发现，从逻辑的角度来讲，我们无法期待他们对结果有直接的掌控力。CEO 通常要对企业的利润负责；（社会普遍认为）父母要对子女的成长负责；无论电影获得赞誉还是饱受嘲讽，明星都要为自己主演的电影负责。虽然这些人都能对我们所追求的结果产生影响，但他们中没有一个人可以控制这些结果。当然，明星与其主演的电影是否成功的确有很大的关系，但是还有诸多其他因素在发挥作用。电影的制作涉及数百人，而这些人与明星本身几乎没有多大关系。此外，电影投放的市场，和上映初期的影评也会对观众的想法造成巨大的影响。这些因素完全超出了任何一个人的控制范围。因为有太多相关的因素在相互作用，所以我们无法相信，凭借某一个人的力量就能掌控全局，无论这个人的力量有多大。

艾莉森坐在詹姆斯的办公室里，詹姆斯困惑地看着她："您大驾光临有何贵干？"

听到如此正式的语气，她笑了笑。尽管他们上一次的午餐会取得了良好的效果（当时她认真地倾听了詹姆斯的观点），但她仍然不由自主地认为他是一个落伍守旧的人。她提醒自己，不要让自己的偏见影响接下来的沟通。

"詹姆斯，我最近一直在思考我们几周前午餐会上的对话。你当时说你感到懊恼，因为在这次变革中，有很多事情不在你的掌控之中，你能告诉我是一些什么样的事情吗？"

"我可以向你坦白吗，艾莉森？"詹姆斯严肃地问道。

"当然，请说。"

"你们这些年轻人似乎认为，我们这些在公司工作了很长时间的人没有任何创新意识。我知道你一定认为我们都是落伍守旧的人，而你在等待我们退休。"

艾莉森希望此刻的自己没有脸红，因为詹姆斯完全说中了她内心的想法。

"但事实上，我热爱我的工作，我真心希望公司可以在这个新的时代焕发出不一样的光彩。我很喜欢你的 IrRational 软件和它所带来的改变，我现在与客户的对话，比之前更有针对性，更深入了，我非常享受这种改变。"

"这听起来很棒呀!"艾莉森说,"那么其中的问题是什么呢?"

"有这样几个问题。首先,你给我们定了目标,要求我们在时限内完成与数位客户的深入交谈。但是,这个目标是不可能实现的,因为转变客户的观念需要时间,如果在你规定的时间内完成与客户的交谈,会欲速不达,给客户带来不必要的困扰。我们必须把客户的需求与感受放在首位,你觉得呢?"

"嗯,的确,这可以理解,"艾莉森说,"但是,我也的确想看到这个项目的进展,不设目标就难以跟进。"

"我可以让你看到进展,而且我可以保证全力以赴,尽量早日完成项目,但是这些目标实在起不到推动作用。"詹姆斯说。

"好的,不设目标,但是定期跟进,没问题!那下一个问题是?"

"事实上,关于如何深化与客户的沟通,我颇有心得。这些经验可能对其他同事也有帮助。当然我总结的都是些小技巧,比如选择在哪里开会,选择一天中的哪个时间段开会对第一次交谈最有帮助,等等。这些小技巧在实践中可能会起到非常重要的作用,但是我不能保证它们在每个人的身上都能奏效。我希望你先收起那些图表,与其替我们规划每一步的工作,不如让我来分享一下这些经验。"

"詹姆斯,你知道吗?为了这次变革能取得成功,我必须放弃对一些事情的掌控。我首先要放弃的,就是要求别人保证项目能成功,所以让我们从你的那些经验分享开始吧。"

走出渴望掌控的心智误区

通常来说,人们一听到情况很复杂就立刻举手投降。如果没有任何事情是可控的,那么我们会不会一事无成呢?的确,在一个复杂的世界里,对于你来说最重要的事情,基本上都不在你可以直接控制的范围之内。无论你多么努力地练习小提琴,你都有可能永远无法加入最著名的交响乐团。无论你多么努力地让团队成员相互协作，他们都有可能继续各扫门前雪。无论你多么注重养生，都有可能患上癌症。所有这些都是整个系统的突发属性，不在你或任何其他人的掌控之中。这并不意味着，你应该收起小提琴，放弃团队合作，或将曲奇冰激凌作为晚餐。

面对复杂的情况，我们与其渴望掌控一切，不如想一想影响力。我们不能控制结果，但可以思考如何为期待的结果创造条件。如果你想培养子女的能力，让他们在成年之后可以自食其力，那么可以在他们幼年时期影响他们的经历，提高这种结果出现的概率。此外，我们无法预知未来，所以必须小心，不能让预设的结果过于狭隘。比如，你想让女儿在长大之后能自食其力，而你预设的结果是在未来让她接管自家的干洗店，那么你可能会过于努力地去促成一个狭隘的目标，然而这种努力往往会在复杂的情况下，导致不尽如人意的后果。她可能并不擅长经营干洗店的生意，却在抽象几何方面表现出色。你的努力并没有为她的成功铺路，反而将她推向了失败。

在一个复杂的世界里，控制的奇妙之处就在于，一个方向（比如能够自食其力）远远比一个狭隘的目的或目标（比如接管干洗店）更有帮助。我们必须知道什么对自己是最重要的，同时让自己拥有更多的选择。这样做虽然会让我们失去对未来的掌控力（这是一种虚假的掌控力），却让我们有更多的空间施加影响力。

关键问题：我如何推动事物的发展？哪些因素可以帮助我

从思考如何控制结果，转而思考如何影响结果，最实用的方法之一就是考虑哪些因素可以推动事物朝着最理想的方向发展。因为我们的控制欲总是会诱导我们对原因穷追不舍，所以考虑这些因素将有助于我们转移注意力，不再探究原因。她中风的原因是什么？哪些因素导致年轻的约翰尼高中辍学加入黑社会？什么原因导致他们的团队未能在最后期限之前完成任务？这些问题都很诱人，但这实际上并不能解决问题。如果你想通过找到原因来管理自己的健康、子女和团队，那更是毫无助益了。

不妨问自己，我们可以做些什么来改变自己的思路，开拓自己的视野？哪些事情在你的控制范围之内，可以帮助你增强团队的凝聚力，让大家更密切地协作？没错，你或许可以通过安排员工的座位，来影响团队的工作方式。例如，业界有一个著名的案例，就是谷歌为员工开辟了公共用餐空间，从而增加了员工见面和交流的机会。你可以为人们提供交流生活经历的时间和空间，来增进他们对彼此的了解。也许你不是团队的领导者，无法直接做出类似的改变，但是你仍然可以通过自己的行为来影响周围的人，比如你可以邀请同事共进午餐，也可以把自己的办公桌移到某位同事的旁边来加强合作，还可以有礼貌地问候同事的生活状况，或者主动分享自己的生活状况。向团队展示子女的照片似乎与加强团队合作没有关系，但如果你带着诚意分享，就可能起到促进团队合作的作用（如果你只是想炫耀自己的子女，就可能对团队合作的质量产生负面影响）。

你也可以向自己提出这个问题：哪些因素可以帮助我打造理想的生活？你的脑海中可能已经出现了明确的目标和清晰的愿景，例如，我只想住在河边一栋漂亮的房子里。你能感受到自己对目标的渴望，并认为自己有能力实现这个可控的目标。你可以在这个基础上给自己制定一个努力的方向，例如，我希望有更多的时间接触大自然，以此来代替原来的目标。然后，你可以围绕这个方向提出问题，挖掘哪些因素可以帮助自己朝着这个方向迈进。

以艾莎（Ayesha）为例，她在一家小型非营利性机构工作，希望能担任领导职位。她心目中已经有了一个明确的目标，希望在接下来的6～9个月内得到晋升。她想控制原本不可预知的职业发展道路，实现自己的预期。艾莎热爱这个组织并认同组织的使命，但是组织内的领导职位有限，而且在短期内，似乎任何领导职位都不会出现空缺。当她开始为自己的职业发展制定一个方向，而不只是执着于一个结果时，她意识到自己想要的是提高自身能力的机会，而且她想让自己对组织的发展方向有更大的影响力。艾莎开始深入地思考哪些因素可以起到促进作用。她认为，参与有关组织未来发展的战略对话会有帮助，于是她向直属经理说明了自己的职业规划，并要求参与一些与战略相关的对话。9个月后，艾莎仍然在组织中担任同样的职位，但她对自己的工作更加满意了，而且更加了解作为年轻的领导者，哪些因素对于她而言更加重要。事情往往就是这样发生的：此后这家非营利机构的体制不断发生变化，艾莎的老板非常欣赏她的战略思考能力，于是着手为她增设一个新的领导职位。

我们每个人都有控制欲，这意味着我们会不自觉地寻找解决方案，希望借此得到我们想要的结果。艾莎没有想到公司会专门为自己增设一个领导职位，因为她所在的公司采用扁平化的组织结构，资源紧张，所以这个结果似乎不切实际。相反，如果她的目光始终锁定某个特定的领导职位，她可能会陷入办公室政治风波中，或者想方设法暗示自己比现任领导者或同事更加出色。这样做可能会对艾莎本人，以及对她在自己热爱的组织中的发展前景产生毁灭性的影响。

关键习惯：在问题的边缘进行试验

现在有很多文章鼓励人们大胆尝试，开拓创造，从而推出更优秀的产品、更优质的服务，找到更好的伴侣，以及拥有更美好的未来。但是，我们必须面对这一现实，那就是我们的很多"尝试"都像高中科学课上的实验。我们相信自己可以预测未来的发展趋势，如果不能达到预期，我们会认为自己用错了方法。

我们需要打开视野找准方向，而不是聚焦目标。我们需要发挥影响力，而不是控制事态发展。只有这样，我们才能做出真正的尝试。也就是说，我们在不知道未来将如何发展的情况下做一些试验，然后观察这些试验是否能帮助我们朝理想的方向前进。我们最好从问题的边缘进行试验，而不是直击问题的核心。在复杂的系统中，核心是最不容易动摇的部分，所以我们最好远离问题的核心。

格哈德(Gerhard)希望采取更系统化的方法来管理自己的团队。他注意到自己一直是整个团队的顶梁柱，每位团队成员遇到问题都会向他咨询。虽然他乐于与团队成员一起解决问题，但是他发现这类工作占用了他越来越多的时间，他更希望加强团队成员之间的交流合作。一开始，他想为团队制订一个合作目标，但他很快意识到，这个解决方案直接针对问题的核心，可能会遭到团队成员的强烈反抗。团队成员之间的了解太少了，不知道如何与彼此进行合作。于是他避开问题的核心，从边缘开始进行小规模的试验。

他决定每周开始工作之前，用 5 分钟的时间记录下他希望了解的，可以帮助团队成员建立联系的一些事情。比如有一周，他的主题是"团队在工作之外的联结"；那么另一周，他的主题是"在面对顾客时所遇到的类似问题"。然后，他将这些信息用便利贴记录下来，并贴在笔记本电脑上。当团队成员向他咨询问题时，他会参考便利贴上的信息。他认为，这种方式虽然不能增进团队成员对彼此的了解，但至少可以帮助他了解团队成员之间的联结。有几个星期，他几乎一无所获。随着时间的推移，伴随着各种问题的出现，团队成员之间的联系越来越多，这让他感到非常兴奋。在过去，格哈德将更多的注意力放在解决当务之急上，当团队成员遇到问题时，他会直接提供解决方案，而忽略其他同事也遇到过类似的问题。通过这个试验，他开始思考这些问题之间的关联，甚至经常忘记解决方案本身。这意味着，他必须指导团队成员针对这些问题与彼此进行沟通。他会告诉其中一位团队成员："罗米找到了一个非常好的解决方案，你可以去了解一下她的做法。"两个月后，他的小试验（用 5 分钟做记录，加上写一张便利贴！）取得了意想不到的成果。没错，他对团队成员之间的相互联系有了更深的了解，但这只是成果中很小的一部分。更大的收获是，团队成员之间的合作加强了，不再那么频繁地向他咨询各种问题了。

彼得·科尔曼将复杂性理念应用在解决棘手的冲突上，并取得了进展。基本上格哈德所尝试的正是彼得·科尔曼敦促我们去做的，那就是"改变模式，而非结果"。⑤我们需要留意，什么样的模式会造成不利的局势，然后从问题的边缘进行尝试，逐渐改变这些模式。当然，我们也可以关注对我们有利的模式，并尝试放大这些模式。我们会发现，我们对整个系统有了更深的了解，也对系统产生了影响。我们从此朝着理想的方向前进，甚至会有超出预期的收获。

第六章

捍卫自我的心智误区：
被自我束缚而无法企及更伟大的自己

"好吧，这件怎么样？"

马克从厨房的料理台后面转过身，手里拿着一把沾满杏仁酱的餐刀："不行，太性感了。"

"唉！"艾莉森叹了口气，感到很沮丧，"你说上一件太正式！"

"你想让我实话实说，还是让我恭维你？"马克问道，转身继续忙手头的活。他把切成三角形的杏仁酱三明治放到内奥米的饭盒里。

"要是不用做选择就好了，我多希望你能实事求是地说这一件足够完美！"艾莉森说着，解开了上衣的扣子，这是她一大早试穿的第三件衣服，"我想尽量把事情做好，这可是我有生以来最重要的一次演讲。"

"不，你曾经做过一次同样重要的演讲，"马克告诉她（显然是为了要赢而倾听），"还记得你当初启动 NumberSense 计划的时候，你和风险投资公司的人开会吗？当时的发展前景也是悬而未决。"

"天哪，谢谢你指出来，"艾莉森冷笑道，"我现在感觉好多了。"

"你穿什么重要吗？"马克嘴里嘟囔着，"穿你当时那身衣服。"

"我那时二十六岁，马克！我已经没有那身衣服了。事实上，那身衣服都不是我的，我当时是从凯瑟琳（Kathrin）那里借的。"艾莉森跺脚走回衣橱，试图找到一套可以让董事会对她信心十足的行头。

"这件不行，这件不行，这件也不行，"她对着衣柜嘀咕道，"太花哨了，太随意了，太性感了。"她知道自己这个样子很愚蠢，但她沮丧得想哭。如果她连衣服都不会选，又怎么能让董事会认真地对待她的想法呢？

"嘿，亲爱的，我再试一次认真地倾听怎么样？"马克走进卧室，围裙还系在身上，"午餐做好了，孩子们都在看 PBS 的儿童节目，而我们因为夏令时，奇迹般地提前 25 分钟完成了准备工作。"

艾莉森在衣帽间的地板上坐了下来。"我不明白倾听能有什么帮助。我希望你现在给我选一套合适的衣服。"

"在我看来，你对今天的演讲感到非常焦虑，你担心如果你看上去不那么像模像样，董事会就不会听你的，你就无法实现你的目标。这给你带来了巨大的压力，你认为成败取决于你今天在会上的表现，是吧？"

艾莉森走向马克，挨着他坐下来："没错儿，我一直在努力推进这场大规模的组织变革，这也是董事会雇用我的主要原因。我知道如果先做一些小规模的试验，那么变革的效果会更好，但这对董事会来讲有点不靠谱。他们一心期待我能大刀阔斧地推动变革，而进行一些小试验听起来力度不够。所以我想，至少要让自己看起来信心十足，虽然我内心并没有把握能说服他们。"

"你担心他们不把你的想法当回事？他们会认为你缺乏勇气从而对你失去信心？"

艾莉森微笑道："有时候我真想亲吻勒罗伊，因为他改变了你！我想，是改变了我们。没错，这正是我所担心的地方。"

"嘿！老公的好朋友可亲不得！"马克笑了，然后他止住笑容说："我能告诉你我真实的想法吗？"

艾莉森满怀期待地说："当然。"

"艾莉森，我认为你彰显自己的时候到了，而不是用你的着装来征服他们。你应该与董事会分享你的心得，以及这些心得是如何影响了你对变革的理解。我觉得你应该穿一身让你感到舒适、最符合你风格的衣服。"

艾莉森惊讶地睁大了眼睛："你是在开玩笑吧！难道要我穿着牛仔裤去开会，告诉他们曾经达成共识的重大举措是错的，而我现在要做一些新尝试？"

"是的。他们欣赏你，这一点你是知道的，他们也相信你。既然你已经得到了他们的信任，现在只需要和他们开诚布公，也许他们会直言不讳。"

"说起来容易做起来难，马克！说真的，面对董事会开诚布公，这太难了。"

"当然，要做正确的事情，而不是容易的事情！看来我们得试着领悟勒罗伊时常告诫我们的那句话：在复杂的世界里，如果我们知道哪些事情应该相信，哪些事情应该质疑，那么我们的人性就会成为一种资产，而不是一份负担。你也知道，我们想要变得完美无瑕的欲望本身是应该被质疑的。"

艾莉森站起来，走回衣帽间。她穿上那条比牛仔裤还柔软的裤子（而且显得更得体），还有一件多年前在二手店买的丝质针织上衣。衣服虽然有些旧，但穿起来很舒服，看起来很职业，而且更符合艾莉森的风格。她脱下高跟鞋，穿上那双舒适得几乎可以完成一场全程马拉松的平底鞋。"来吧，世界！"她对镜子里那张严肃的脸说，"这就是我今天做出的尝试：没有伪装，只有艾莉森。"

捍卫自我的诱惑和误区

最有趣的一种心智误区是捍卫自我的心智误区，也就是我们被自身所束缚。事实证明，我们希望呈现在自己和别人面前的样子，是最诱人的心智误区。我们每个人都养成了一种适合自己的生存方式。我们在生活中经历了巨变，才成为现在的样子。现在，我们已经抵达了人生的某个阶段，所以会投入很多不为人知的精力来展示和捍卫现在的自己。

当然，我们不是故意这样做的。艾莉森想的不是"我需要保护和捍卫那个脆弱的自我"，她想的是"我要让董事会对我的计划充满信心"。我们会用一些理由让自己相信，我们的动机是正确的。而这些理由就是我们自我保护机制的一个组成部分。

人体系统中存在着许多错配。一个典型的例子就是我们在面对自己的脆弱和在面对他人的脆弱时，有着截然不同的心态。有时，在工作坊或会议上，领导者会坦然承认某件事情令他感到困扰。之后，他会觉得自己很糟糕，并且认为："我现在感到羞愧、尴尬，担心失去大家对我的尊重。"

　　旁观者的反应却恰恰相反。他们会说："我现在更欣赏他，为他的勇气点赞，想要接近他。我对自己也更加包容了，因为我从他的身上看到了自己，在脆弱的时候也会感到羞愧。我真佩服他。"这就是矛盾的核心所在：我们为自己的脆弱感到羞愧，而其他人却被我们的脆弱吸引。①

　　在本章中，我们将审视镜子中的自己，了解我们是如何被自己困住的。我们将探讨这个观点，即我们在过去改变了很多才成为现在的样子，所以我们在未来不会有太大的改变。我们会发现，故步自封会导致我们不再学习，甚至拒绝探索新的可能性。所以我们需要回顾自己的成长和发展轨迹，开辟出一条新的前进道路。

我们认为自己在过去改变了很多，在未来不再改变了

　　人类拥有最奇特的成长和发展经历。其中有两个阶段：生命早期不断成长、进化的阶段，和现在已经完成成长的阶段。这两个阶段之间通常存在着显著区别。我们可以从孩子们身上看到这个区别。当父母告诉他们，在他们 26 岁的时候可能会后悔自己 16 岁时做出的选择时，他们会认为父母的这种想法是居高临下、令他们感到厌烦的，并且会表现出一副不屑一顾的样子。出人意料的是，所有研究表明，我们一生都保持着这个观点。如果你问一个 20 岁的人，在接下来的 10 年里，是否会像过去的 10 年一样继续改变，他会告诉你，这是不可能的！如果你问一个 30 岁的人同样的问题，他会告诉你，他在 20 岁到 30 岁的 10 年里发生了巨大的变化，而现在的他不会再改变。他认为在 30 岁到 40 岁的 10 年里，恐怕只需要保持体重，并且希望不要掉太多的头发。40 岁的人会怎么说？恐怕你已经猜到了。他在 30 岁到 40 岁的 10 年里发生了巨大的变化，但展望 40 岁到 50 岁的这个阶段，似乎一切会变得更稳定，以此类推。无论年龄大小，我们

所有人都是如此。我们知道过去的自己改变了很多，但是现在的自己好不容易安定了下来，终于可以长舒一口气，不会再改变了。事实上，在这一点上，我们总是错的。[②]

杰米·霍姆斯(Jamie Holmes)告诉我们，在现在固化的自我和过去进化的自我之间，我们画了一条鲜明的分界线。我们总是认为自己不太可能继续改变，但这种想法始终是错的。最有趣的发现是，我们在任何年龄阶段，都会认为自己已经完成了蜕变。[③]

在我看来，我们一定要认识到，我们会本能地(错误地)认为自己已经完成了巨大的蜕变。这是因为大多数人都不认为自己会在未来继续成长和改变。我们投入精力来保护现在的自己，而不是努力成为未来的自己。

我们保护和捍卫自己的形象，拒绝探索新的契机

维护自我形象几乎已经变成一份全职工作。我们投入大量不为人知的精力把自己保护起来，远离证明自己错了的信息。我们需要证明自己的价值，获得他人的爱，或者表现自己的聪明才智。罗伯特·凯根和丽莎·莱希将这种现象描述为"组织中的普遍现象是，大多数员工都在从事着第二份没有报酬的工作"。在大大小小的公司里，在政府机构、学校和医院，在营利性和非营利性组织中，以及在世界上的任何一个国家，大多数人都在花费时间和精力掩盖自己的弱点，维护良好的个人形象，展示自己的最大优势，玩弄政治，隐藏自己能力上的不足，隐藏自己的犹豫不决，隐藏自己的局限。总而言之，就是隐藏。[④]

有意思的是，我们把这种努力也隐藏起来，不让自己知道。我们并没有意识到自己在保护和捍卫自我。相反，我们倾向于认为我们是"为自己辩护"，"做了自己应该做的事"，或者运用任何其他自我辩护的技巧。如果有人向我们提出了质疑，让我们措手不及，那么我们可能会注意到自己手心出汗，然后迁怒于人("那个家伙是个混蛋，今天早上在这么多人面前让我难堪!")，我们也可能会自怨自艾("天啊，我真是糟糕透了! 根本没做好准备!")。当我们为一些非常愚蠢、毫无意义的事情而争吵时("你从来都不把发霉的剩菜倒掉！你拿我当你的佣人吗?"），我们可能会发现自己莫名其妙地将问题升华了（"这证明你不是可以和我共度余生的那个人！"）。我们可能会察觉到自己像艾莉森一样，需要依靠衣服、汽车或房子给人留下最佳印象（"我们不能开着那辆车去开会，因为投资人会知道我们遇到了麻烦，认为我们不是优质的投资对象"）。然而，我们经常做的实际上是与我们的弱点、无知、困惑、羞耻做斗争。这场战斗消耗了我们大量的精力。凯根和莱希称之为"组织每天遭受的最大的资源浪费"。更糟糕的是，我们在赢得战斗的同时，却因为执着于自我防御，而错失了成长的机会。

我们并不了解自己的心智结构

我们其实并不知道生活中的点点滴滴是如何交织在一起，形成既美观又实用的模式的。在生活中，没有任何一张地图能告诉我们去过哪里，接下来可能到达哪里。我们会认为无论身在何处，都是路上的最后一站，所以我们要捍卫自己的立足之地。我们相信，在这里稍加修饰或在那里学习一项新技能，就可以解决我们的问题。例如，对于不够自信的中层管理者，我们会把他送到形象顾问那里，让他改善穿衣打扮，并学习挺拔地站立。对于在演讲时无法引起共鸣，因此难以得到晋升的高管，我们会把他送到声音教练那里，让他模仿电影里那些既强悍又善于沟通的男性角色。对于因为子女都已经上大学不在身边，而感到失落的全职母亲，我们会送给她一张参加咖啡师培训班的礼券。

这些处理方式都是治标不治本的。症状是我们表现出来的问题，根源则在于我们理解这个世界的方式，以及我们与这个世界的关系。成人发展理论（adult development theory）为我们提供了一种新的可能性，帮助我们理解自己是谁，以及自己正在成为谁。⑤

这些理论告诉我们，人生经历不仅改变了我们的外在，也改变了我们的情感与意识形态，即我们的"心智结构"（forms of mind）。在婴儿学会走路说话，儿童学会阅读之后，他们处理生活中复杂问题的能力会越来越强。同理，我们新的处事方式也会增强我们解决人生复杂问题的能力。但是，与我们早期经历不同的是，我们成年后的变化并不像年幼时学习新技能和身体发育的变化一样明显。但是一般来说，如果你不仅对知道什么感兴趣，而且还对如何理解这些知识感兴趣，那么你会发现这种变化更加明显。

例如，在刚成年时，我们依赖外界的观点告诉自己应该如何表现：什么是对的，什么是错的，什么是成功，什么有价值。这些外界的观点可能来自一些与你有关的人（比如你的家人、朋友、同事等），也可能来自一套行事原则或专业知识（比如参加过的培训或你的专业经验）。在这种情况下，我们对自己的认知往往来自外界，来自我们的社会环境。这就是为什么我们称这个阶段为规范主导的心智结构（socialized form of mind）。

纵观人类历史，这种规范主导的心智结构对人类有很大帮助。这种心智结构是社会的黏合剂，帮助我们向彼此学习，遵循共同的规则。我们不是被迫这样做的，而是因为在规范主导的心智结构下，我们将这些规则内化为正确的行为准则。在这个阶段，人们主要是在创造和捍卫别人赋予自己的身份。我们需要得到他人对自己的认可，才能获得自我认可。你可以看到，在一个更加简单的世界里，我们有导师教我们明辨是非，一生中的职业和专业相对稳定，我们没有理由去超越规范主导的心智阶段。即使面对今天如此复杂的世界，仍然有许多人在规范主导的阶段度过一生。

然而，有一部分人，在面对不同观点、各种压力和职业所带来的令人困惑的复杂性时，开始意识到向外界寻求指引的局限性。这些人保留了在规范主导的心智结构下所内化的来自外界的声音，但是经过几年甚至几十年的历练，他们为自己增添了一种决定性的声音，即自己的声音。我们称这个阶段为自主导向的心智结构（self-authored form of mind）。这个阶段的我们不想被环境所左右，并思考如何拿起笔来抒写自己的故事。我们不再依赖外界的标准来辨别是非黑白，而是跟随自己内心的指引，建立自己的价值观和信念，最终做出自己的决定。这并不意味着我们不在乎来自他人、社会或工作中的观点，而是当这些来自外界的观点相互冲突时，我们不会在危机中迷失自我，我们会认为这是一些需要解决的难题，而我们自主导向的心智结构可以帮助我们做出决策。

在自主导向的心智结构下，我们保护和捍卫的身份，是我们为自己建立的内部操作系统，也就是我们的价值观和信念体系。在进行自我保护的时候，我们会觉得理所当然，因为相比其他人的想法和观点，我们更看重自己的判断。这个内部操作系统在初步建成的时候是一份礼物，然而最终会变成一种负担。在复杂多变的世界里，我们会发现，我们为捍卫自己的信念和价值观所做的努力并不完全值得，而且还阻碍了我们认识和接纳这个多元的世界。我们的信念和价值观固然重要，但是并非一成不变的，而是不断地被我们内在的需求和外在的环境塑造着。

这就是为什么有些人发现，即使拥有自主导向的心智结构，也无法应对如此复杂的世界。他们不再认为自己是生活的作者，在白纸上撰写自己人生的篇章。相反，他们认为自己既是作者又是作品。他们意识到，他们对自己生活的掌控是有限的，不能完全主宰自己的人生。与其相信生活可以通过彩排而变得完美，他们宁可认为自己更像是爵士音乐家，和别人一起进行即兴演奏。我们称这种共同创建，处在不断生成中的心智结构为内观自变（self-transforming form of mind），因为拥有这种心智结构的人总是在挑战自己根深蒂固的信念体系。他们投入越来越少的时间去打造和捍卫自己的形象，投入越来越多的时间让生活改变他们。

了解这些心智结构，并知道这些心智结构之间的转变需要一个过程，而且不同的心智结构可能会同时存在，有助于我们理解成长道路上的一些难以避免的挑战。你是否发现曾经的自己更依赖别人的观点，担心现在的自己变得自大吗？这有可能是因为，你正在从规范主导的心智结构，向自主导向的心智结构转变，而这种担心正是这种转变中的一个环节。你是否发现曾经的自己更加坚定不移，而现在的自己突然看到了多种可能性，甚至连你无比珍视的价值观也开始动摇？这有可能是因为，你正在从自主导向的心智结构，向内观自变的心智结构发展，而这种转变将开启你人生的新篇章。铭记我们始终都走在成长之路上，这将有助于我们以更加优雅的姿态走向未来。

比尔清了清嗓子，整理了一下手头的文件。他显然是在听完艾莉森的初步想法之后，努力让自己的心情平复下来。"艾莉森，我并不想难为你，"比尔说，"但你所讲的似乎与我们预想的战略方案截然不同，与我们几个月前所达成的共识也相差甚远。"

这基本上在艾莉森的预料之中。她发现自己胸口紧绷，双手冒汗。她知道在这种情况下出现这些反应都是正常的，她的身体在告诉她要进行自我保护。不过，她想起了当天早上对自己的承诺，于是她在柔软舒适的裤子上擦了擦满是汗水的手。

艾莉森没有为自己辩护，也没有指出比尔错在哪里，而是放下了自我保护的盔甲。"你说的完全正确，比尔。这的确是一个新方案。老实说，我自己也很担心。众所周知，我对 AN&M 启动大变革充满着激情。我相信，我们能够共同开创会计服务的未来，帮助客户实现他们的梦想，为这个世界做出一份贡献。这一直是我的愿景。"

"这也是我们共同的愿景，而且，艾莉森，这也是我们当初聘用你的原因。但是你的新方案不是背弃了这个愿景吗？"

"我理解你们此时此刻的想法，"艾莉森对董事会的全体成员说，"你们聘用我，是为了让我大刀阔斧地干一场，彻底改变局面，可是现在看来，我像是丧失了勇气。然而有趣的是，在我看来，按照原计划开展工作会更容易一些。事实上，提出现在的新方案反而需要更多的勇气。"

"什么意思？"比尔问道。

"嗯，我曾经和你们一样确信，这场巨大的变革需要我们在工作内容和工作方式上都做出彻底的改变。我一度认为实现这种改变的最佳方案是排山倒海式的变革，彻底打破常规。不过，在座的各位都知道，我和所有的合伙人都逐一交谈过。我认真地倾听了每一位合伙人的观点。他们帮助我加深了对公司的了解，让我不只是聚焦于我们想要实现的结果。"

她深深地吸了一口气，让自己镇定下来，继续说："其实在公司里，已经有了一些令人难以置信的创新，只是大家没有机会针对这些创新进行讨论。我在推动自己的创新项目之前，想营造一个让大家切磋交流的空间，让创新精神感染更多的人。"

董事会成员试探性地点了点头，表示听起来很合理。

"我还发现，有一些对创新感兴趣的同事在我们标准化的管理体系中备受挫折，这使他们对创新感到灰心，"艾莉森继续说，"所以我想暂时放开一些限制，拭目以待。"

董事会成员又点了点头，更加理解她的出发点。

"这些想法不是我的，而是我收集到的。有的来自我们最勇于尝试的新合伙人，有的来自公司里最资深的老合伙人，也就是你们认为会抗拒变革的那一批人。事实上，他们并不是真的抵触变革。他们和公司所有人一样，都知道我们需要做出与以往有所不同的举措。他们抗拒的是我们将变革强加于他们，而他们希望能够参与其中。"

比尔点了点头，表示赞同，说："好吧，你所谓从我们之前计划好的重大变革项目中抽身出来，实际上是在小范围内进行一系列试验，从而推动改变。"艾莉森点了点头。比尔继续说："你说得很有道理，但是两个同时进行不是更好吗？何必为了这些小改变而放弃大变革呢？"

艾莉森微笑道："这确实是个赌注。也许我应该听取你的建议。但我只能把我目前的想法分享出来，收集大家的反馈，看看我们是不是可以一起做出决定，找到前进的最佳路径。"

"好吧，这很合理，"比尔表示认可，"为什么不给我们讲讲你的思路呢？"

走出捍卫自我的心智误区

如果我们的本能反应就是保护和捍卫我们现在的样子，而不是努力成为我们可能变成的样子，那么我们又能做些什么呢？成长之路就在我们眼前，但这并不意味着我们可以轻而易举地踏上这条路。相信人在一生中会发生巨大的变化，这既对我们有帮助，又令我们感到畏惧。相信人在脆弱的时候更美丽，更能引起共鸣，这说起来容易，做起来却很难。但是你可以采取一些行动，也可以提出一些问题，来帮助你走出这个最棘手的心智误区。

关键问题：我接下来想成为一个什么样的人

我们之所以被自己困住，是因为我们相信自己的想法、价值，乃至希望，这都来自我们是谁和我们的心路历程。如果艾莉森认为她一直以来都是穿着盔甲的战士，而她就是这样的一个人，那么她就不可能以另一种方式面对董事会，因为那样做就太不符合艾莉森的风格了。⑥

但是，如果艾莉森有这样一个关于自己的故事，就是她"直到现在"是谁，并着眼于她在未来想成为一个什么样的人，那么她就会给自己更多的空间去探索，构想出下一个版本的自己。每当有领导者告诉我："我不是一个善于在众人面前鼓舞人心的人。"我听到的是他远离这种可能性的脚步声。每当有大学生告诉我她从来都不擅长数学时，我看到的是无可奈何和越来越固化的信念体系，即使这个信念体系已经陈旧得不再适合她了。

注意"我不是一个善于在众人面前鼓舞人心的人"和"直到现在我还不是一个善于在众人面前鼓舞人心的人"之间的区别。第一句意味着你可以离职回家了，而第二句则意味着你正在走向另一种可能性。也许在不久的将来，你会成为那个站在众人面前鼓舞人心的人。

利恩（Lien）在自己的整个职业生涯中，都试图克服缺乏自信的问题。人们总是告诉她要更加相信自己，或者要更加果断地表达自己的想法。她往往下意识地说："我不是那样的人。"这让她感到消沉、踌躇不前。当她开始说："我还不是那样的人，但我正在努力成为那样的人。"她感觉到了改变的动力。我们都应该思考一下，我们接下来想成为什么样的人。这样，我们就不会陷入自以为已经完成蜕变的误区。从此，我们会生活在一个充满可能性的世界里，不再只是塑造和捍卫现状。

关键习惯：为了认识自己是如何理解世界的而倾听

既然你已经问自己将成为一个什么样的人了，那么下一步就来看看自己是如何认知这个世界的。从某种意义上来说，这和"为了学习而倾听"是同样的道理，只不过你把好奇心转向了自己，越来越好奇自己是如何理解这个世界的。这里的重点并不是知道你为什么相信自己所相信的（因为这样会导致你继续为自己辩护），而是你对这个世界的理解，如何帮助你形成了现在所持有的观点。

这有助于你在成长的地图上找到自己所处的成长阶段，更深入地了解自己，并且开始探索自己下一步的成长方向。当你像艾莉森一样感到沮丧和困惑的时候，你可以选择与你的情感保持一些距离，问自己到底发生了什么。你可以问自己几个关键问题：

（1）这和我有什么利害关系？

（2）这其中最困难的部分是什么？

（3）这其中最精彩的部分是什么？

（4）我怎么知道这是真相？

诀窍是我们对一个问题不能只问一遍，因为这样往往只会让我们找到为自己辩护的理由。我们要问至少三遍同一个问题。对于艾莉森来说，她可能会这样问：

"天啊，这套衣服竟然让我感到如此的不安，一定还有其他原因，我真正担心的是什么？"

她可能会自问自答："如果我穿着不当，他们就不会重视我！"

然后她需要再问自己："如果他们不重视我，我真正担心的是什么？"这里要注意：就像为了学习而倾听一样，我们要对自己抱有开放和好奇的态度，而不是批判或试图教训自己。

艾莉森也许会回答自己："如果他们不重视我，我可能也不会重视自己。如果我不重视自己，我会失去勇气，把整个计划打乱，然后就不用独自承担所有风险了。我想，如果没有他们的支持，我就不能信心十足地执行这个计划。"

就是这个思路。这种方式可以帮助她发现，到底是什么塑造了她的思维方式。她可以开始探索她认知的边界，而这个边界可能会为她即将成为的那个人，开启一片新的天地。⑦艾莉森的情况是，她也许过于依赖他人的看法，而不敢相信自己了。当她开始思考自己将成为一个什么样的人时，她可能会意识到，要多倾听自己的声音，并相信自己的判断。这样，她对变革的态度就不再取决于她的着装或董事会。

知道我们处于成长的哪个阶段，并思考我们将成为什么样的人，可以让我们释放一些捍卫现状的压力，鼓励我们带着好奇心去看待，生活是如何为我们的发展提供成长的土壤的。

第七章
构建走出心智误区的阶梯

伴随着第一瓶香槟"砰"的一声被打开的声音，莅临马克家庆祝的团队，在艾莉森的带领下，穿过客厅，来到了露台。

"怎么这回没点泰国菜？"肯德拉调侃道。

"不过有三种素食汉堡可以选择！"马克边烤肉边大声回应。

"还是我来吧，"艾莉森对马克说，同时从马克手中接过围裙和夹子，并递给马克一杯香槟，"快去和大家一起庆祝吧。"

马克把团队成员召集在一起，举起酒杯："为我们 PurpleChat 的发布而干杯，这是我们最新的一款 App，相信一定会很快成为我们最成功的产品！"大家陶醉在成功的喜悦中，微笑着彼此碰杯。

"还要庆祝的，是 App 的三种不同运行模式，此时此刻这些模式正在数字世界里努力地工作，为我们收集数据！"凯利说道，再次举起她的酒杯。在团队开始尝试用新的方法面对分歧时，他们惊喜地发现了更多方案，支持 App 不同的运行模式。这些模式为客户提供了不同的测试方案，也为团队带来了更多的学习机会与新的灵感源泉。

"再有，为了今后能与我们的家人共进晚餐，而不是总和你们一起吃加班餐，干杯！"马库斯补充道，声音里带着一丝宽慰。大家笑了起来，祝贺他将在三周后成为父亲。

勒罗伊向马克举杯："为你如此敬业、出色的团队，也为你在没有累坏自己和团队的情况下，如期发布产品！"大家再次碰杯畅饮，艾莉森立刻给大家斟满了香槟。

"说真的，勒罗伊，"马库斯说，"没有你的话，我们绝对做不到。我们在过去的工作模式中迷失了方向，越是努力工作，离目标就越远。我当时很担心自己不能胜任工作，让项目以失败告终。在家庭生活中，我的妻子在孕期身体不适，令我感到更加力不从心。"大家回想着那种不知所措的感觉，以及对失败的担忧，都默默地点了点头。

"敬勒罗伊！"肯德拉举杯敬酒，"勒罗伊帮助我们走出了心智误区，找到了新的方法，最终大功告成，让我们重拾信心。那么，我们接下来需要掌握哪些新技能呢？你这个聪明的家伙，快来说说！"

"从根源削弱心智误区对我们的诱惑！"勒罗伊的回答凸显他睿智的一面，"学习搭建一个普遍适用、帮助我们脱离误区的阶梯。"

"一个阶梯？"

"对，一方面我们需要掌握走出每一种心智误区的方法，这是我们一直在实践的。另一方面，我们需要搭建一个在任何情况下都可以使用的阶梯，让我们在面对任何一种心智误区的诱惑时，都具有更强的抵抗力。这才是长远之计。"

"为搭建阶梯和其他 DIY 的工具干杯！"马克再次举起酒杯。与敬酒相比，马克似乎对饮酒更感兴趣。

"好主意，勒罗伊，我想听听如何搭建这个阶梯，"肯德拉诚恳地说，"我在坚持练习你和马克教给我们的各种技巧，但我仍然觉得任重而道远。"

"路漫漫其修远兮，"勒罗伊回答，"成长是一生的功课，但我们可以通过加强与人生目标，与我们自身，以及与彼此的联结，让心智误区在生活中出现的频率越来越少。"

"为你给我们设立的新目标干杯！"马克兴高采烈地再次敬酒。

搭建走出心智误区的阶梯

每一种心智误区都有一条独特的路径，帮助我们走出误区，让我们更从容地应对各种复杂局面。我们可以通过向自己提出新的问题，更深入地倾听他人的观点，以及不断地从实践中学习来找到这些路径。我们会陷入心智误区，是因为我们喜欢简单和确定的事物，这是人类共有的特质。所以这本书聚焦于走出心智误区的方法。我们在掌握这些方法后，就可以从周遭的不确定和复杂中发现新的可能性。（表1是对五种心智误区的摘要）

表 1　心智误区和走出心智误区的关键概要

心智误区	关键问题	关键习惯
过度简化故事会让你远离真相	这个人是否有自己的英雄故事？	准备三个不同版本的故事
感觉正确不意味真的正确	我深信什么？ 我可能错在哪里？	为了学习而倾听，而不是为了要赢或解决问题而倾听
盲目达成共识会埋没你的好点子	这场冲突可以帮助我们建立更深的关系吗？	表达不同意见来拓展可能性，而不是统一意见来缩小选择范围
试图掌控会削弱你的影响力	我如何推动事物的发展？哪些因素可以帮助我？	在问题的边缘进行试验
被自我束缚而无法企及更伟大的自己	我接下来想成为一个什么样的人？	为了认识自己是如何理解世界的而倾听

不仅如此，我还总结了一系列切实可行的方法，普遍适用于任何一种心智误区。如果我们想轻松地脱离心智误区，就需要搭建一个阶梯，彻底摆脱误区的诱惑，成就更伟大的自己。

这个阶梯的每一条横档，都是由人类最伟大与卓越的品质构成的。这些品质关乎我们的人生目标、我们的身体与情感，以及我们对自己和彼此的仁爱。现代社会关注复杂性科学，神经科学以及身体、大脑和环境之间的关联，然而最有用的工具往往也是最古老的。这个工具就是正念（mindfulness）。这并不意味着我们必须在坚硬的地板上打坐，或者用梵语吟唱，而是在最前沿的科学发现的指引之下，重新领悟最古老的智慧。

下面的每一个元素都是正念的一个版本。我会针对每一个元素，提供一个指导性的问题或练习。这些问题或练习都基于强有力的理论基础和扎实的学术研究。我由衷地希望，我们不必一味地与根深蒂固的本能反应做斗争，而是可以找到方法来加深对自己和对彼此的了解。这些练习可以帮助我们做到这一点。我不仅提出建议，还要现身说法。在撰写这本书期间，我两年前患的乳腺癌出现了局部复发（第一次患癌症正值我和基思·约翰斯顿共同撰写的《复杂时代的简单习惯》进入收尾阶段[①]）。我接到外科医生的电话，并得知了癌症局部复发的消息。而就在得知消息的三十分钟之后，我要向六十位高层管理者授课，教授他们如何面对复杂、不确定和多变的世界（提醒自己：在即将开展任何必须完成的工作之前，千万不要接听肿瘤科医生的电话）[②]。所以，我深谙面对复杂性和不确定性意味着什么，以及哪些习惯、思维方式和生活态度不但能够帮助我们渡过难关，而且还可以让我们在这个充满意外的世界里释放潜能。

从复杂性的角度来讲，系统中建立连接的方式和数量对整个系统有很大的影响。在生活中，建立深厚人际关系的数量与我们的健康程度和幸福指数息息相关。我们可以借助一些深化联结的方法，建构一条走出心智误区的阶梯，减少这个无常的世界为我们带来的迷失感。

与我们的人生目标(purpose)建立联结

心智误区给予我们的馈赠，就是它们存在的原因，它为我们提供一条做决定的捷径，让我们不被周围的复杂性所淹没。然而问题就在于，每一条捷径在不确定和复杂的情况下，都会变成误区。如果我们想在生活中克服这种本能反应，就需要一个有意义的替代品。或许脱离心智误区最为重要的第一条原则就是，与深层次的人生目标建立联结。如果你明确自己的人生目标，就不会迷失方向。而且至关重要的是，你要不断地探索，在成长与蜕变的过程中让你的人生目标变得越来越清晰。在为各行各业的领导者提供帮助的过程中，我发现我们过于纠缠细节，以至于忘记了探索更远大的人生目标，这一点总是让我惊讶不已。如果没有更远大的人生目标，我们将很难找到让自己在风云巨变中保持稳定的支柱。而且事实证明，如果没有更远大的人生目标，我们的生活不仅会失去意义，我们的寿命也会缩短。

帕特里克·希尔(Patrick Hill)教授和尼古拉斯·乌里奥诺(Nicholas Turiono)教授为了探索人生目标与寿命之间的联系，回顾了6000多人的数据记录。希尔教授写道："人生目标越远大的人，一生中面临死亡的风险就会越低，这一益处在整个随访期内的青年、中年和老年的受访者身上都得到了体现。"他们在研究中发现，是否能真正地实现人生目标并不重要，重要的是实现人生目标的过程。而不管你在什么时候找到自己的人生目标，它对你都是有帮助的。尽管作者们都认为，或许你越早找到自己的人生目标，就会越早受益。

找到你的人生目标跟找到一双完美合脚的鞋子可不一样，尽管实现后者也不容易。但是有一些提示可以帮助你找到正确的方向。第一，人生目标与金钱无关。虽然拥有足够的金钱对于我们的幸福而言是很重要的，但是金钱仅仅是走向幸福的一个途径，而且它能带来的幸福程度非常有限，并且它本身并不能创造幸福。④第二，对你最有帮助的人生目标与名声、身份无关。这些都是误区，还记得吗？第三，你可能永远无法百分之百地实现人生目标。"31岁前成为合伙人"是一个目标，"创造体验式艺术，让人们得到精神上的提升，给人们带来更多的快乐与爱"是一个人生目标。对我们的健康和幸福最有帮助的人生目标，几乎总是超越我们个人利益的，而且会让这个世界因为你的存在而在某些方面变得更加美好。找到你的人生目标，并为之不断地奋进，那么你阶梯上的第一条横档就稳固无比了。

阿维娜(Avina)是一家专业服务公司的资深主管，该公司致力于美国的医疗保健行业。她发现自己经常被捍卫自我的心智误区所束缚。她对自我的认识是基于她在整个职业生涯中表现出的正确性，和快速构思出简化故事的能力的，而对这种模式的识别能力可以让她迅速地对问题进行分类整理和解决。她所追求的目标来自公司对她的要求：改善高额手术室的操作流程，缩短住院就诊时间，最重要的是通过减少急诊室的无保险病患的人数来降低成本。然而，随着她的工作变得越来越复杂，其正确的解决方案的效果变得不那么明显，她的简化故事也变得无济于事。起初，她坚持认为只需要做出改进——变得更加正确，以及构思出更有效的简化故事——就可以了。当她开始与更深层的人生目标建立联结的时候，她发现她所希望的不仅是延长患者的寿命，而且是从根本上改善他们的生活质量。她从此发现自己可以更轻松地放下对捍卫自我正确性的需求和对简化故事的渴望。她的捍卫自我曾经建立在她在工作中取得的成绩（"如何帮助客户获得更多经济上的利益"）上。但随着她主动赋予自己和工作新的意义，她的人生目标越来越清晰（"如何利用我们在医疗效率和治疗效果方面的专业知识，来启发客户找到具有创造性的解决方案，从而改善医疗工作者和患者的生活，提高行业的整体水平"）。她意识到，在不知道答案的情况下，让每一位参与其中的人都看到问题的复杂性并提出质疑，不仅是可行的，甚至是更有益的。

那么，你怎样才能找到这种指引你前进的人生目标呢？弗雷德里克·布希纳（Frederick Buechner）说过，你的人生目标，也就是你的使命，是"你深度的喜悦和世界迫切的需求相互满足的交点"。内心的呼唤和世界的需求存在着一种必然的相互联系。我的人生目标是为人们创造成长的空间，让我们因为爱而变得宽容，与彼此建立联结。在我看来，这一点也是人性的精髓。当然，人生目标也可以更加具体，例如，提高公众对气候变化的认识，创造更高效的工作场所，或帮助年轻人成为未来世界的栋梁之材。

可以在日常生活中留意一下，你在做哪些事情的时候能保持充沛的精力。现在想一想令你感到最自豪并愿意与人分享的事情，这些事情对世界有哪些贡献。有哪些事情是即使不要求你做，你也会一如既往地做下去的？这么多人在经历悲剧或被诊断为癌症之后，找到了自己的人生目标，这并非偶然。坦然面对死亡，让每一天都变得弥足珍贵，也让我们更加迫切地希望能利用有限的时间去做一些更有意义的事情。有时候，我们应该想一想，我们的生平事迹会如何被记录在纪念碑或墓碑上。这种思考会很有帮助，因为你恐怕不想让"喜欢看最精彩的电视节目"成为人们对你最后的回忆，也不想让"为了在 26 岁之前拥有他的第一辆宝马车而不知疲倦地工作"刻在墓碑上。寻找你的人生目标并为之奋进，如同创作一样，是一个探索的过程。创造条件让人生目标越来越清晰，然后看看它如何塑造你的未来。

练习：每天试着找到至少一个这样的瞬间，那一刻，你由衷的喜悦和世界急切的需求彼此相互满足，想象一下，你会如何在一块牌匾上记录这一刻，然后把你想到的记下来。即便是很不起眼的瞬间，比如"逗孩子笑"，或者"帮同事解决问题从而减轻了她的负担"，都是你播种人生目标的种子。收集这些种子，假以时日，一个姿态万千、五彩斑斓的花园终将呈现在你眼前。

与我们的身体(bodies)建立联结

在帮助我们走出心智误区的阶梯上，第二条横档一直伴随着你，但你也许已经习以为常。我们的身体一直向我们发出各种信号，但是几乎所有人都会忽略这些信号。我们需要与身体所发出的信号建立更紧密的联结。正是我们的身体让我们立足于现实，不被思想困在想象之中。

纳比尔(Nabil)试图在会议上有更好的表现，不再让自己的焦躁不安表露无遗。一开始，他认为这些反应是不可避免的，所以只能加以掩饰。但是后来，他意识到这些反应其实是由心智误区引起的。他想控制讨论结果的愿望，与他希望所有团队成员都能融洽相处的愿望相抵触。当这两种心智误区相互抗衡的时候，他不仅对其他人，甚至对自己也感到懊丧。于是，他开始关注自己的身体，并发现了一个新方法，可以彻底地摆脱这些心智误区。他注意到不耐烦和恼怒的情绪总是伴随着胸口绷紧和心跳加速，而这些反应不仅是恼怒的症状，也是焦虑的症状。他开始回忆自己焦虑的原因，并由此发现了自己的心智误区。他被控制所困，担心团队无法做出决策，而他作为 CEO，将为此全权负责。为了能达成共识，他不得不三缄其口，因为他不想在团队中引起纷争。这两种心智误区导致他陷入了一个不舒服的怪圈，难怪他会如此焦躁不安！他开始在会议上简明扼要地指出他潜在的担忧："嘿，我注意到我们在围绕这个话题转圈，可能你们觉得我们有进展，但我担心我们的进展并不大。"然后，为了抑制对和睦相处的渴望，他提醒团队（也提醒自己），出现分歧可能是有益的："我想知道，是否有一些我们没有表达出来的观点在妨碍我们做出最佳决策。我们应当表达不同的观点，来拓展思路，并找到最佳的解决方案。"纳比尔注意到自己身体的反应，将这些反应与他的情感联系起来，并把它们表达出来。这样做不仅帮助他抑制了恼怒的冲动，也帮助他以更加坦诚和优雅的方式带领团队。

这里的做法很简单，就是与你的身体联结起来。你应该将身体视为信息的来源，帮助你建立联结，而不应该仅仅将身体视为一个载体，带你从一场会议到达另一场会议，时不时地一触即发。了解思想与身体之间的关联后，我们会惊讶地发现，往往是我们的身体在影响我们的思想。我们认为胃部紧绷是因为紧张，嘴角上扬是因为高兴。但实际上，人体和许多复杂的系统一样，单向的因果关系并不存在。我们有时会因为弓腰驼背和蜷缩身体而变得紧张，因为这种动作会使我们的身体分泌皮质醇，并由大脑转化为焦虑。而我们在微笑时变得开心，是因为微笑会使我们的身体分泌多巴胺。

练习：单单注意到并指出我们身体的反应，并将这些反应与心智误区联系起来就能产生惊人的效果。有时，人们可以停下来问自己：我的身体感受到了什么？我的身体是对哪一种心智误区做出了反应？也有时，人们会变得情绪化（"我太生气了！"），而这有助于提醒我们去寻找身体发出的信号（"我的身体现在出现了什么状况？"）。作为一个时常要提醒自己"我拥有一个身体"的人，我可以现身说法。这个练习为我开启了一个前所未有的信息世界。我们不仅为身外之物创作简单的故事，也为身心变化创作简单的故事。我们的身体就是解锁这些误区的万能钥匙。我至今仍然需要刻意地练习，每天让自己停下来几次，快速地进行一个身体扫描，感受身体发出的信号。我现在与身体的联结比以往更紧密，识别身体信号的能力也比以往更强。

与我们的情感（emotions）建立联结

阶梯上的第三条横档是与我们的情感建立联结。不要误解，你的情感始终在引导着你。人类是情感动物，我们无法抗拒情感的力量（而且说实话，我们真的希望抗拒这股力量吗？）。事实上，正是我们的情感为我们从一开始就陷入心智误区创造了条件。我在这里提出的做法并不是帮助我们逃避情感，而是让我们明确地、直接地与情感建立联结，不被其左右。我们察觉情感的微妙变化，并意识到自己陷入了心智误区，这将有助于我们登上走出心智误区的阶梯，进入一种自我澄明的状态。在与情感建立联结时，有两个核心要素能够帮助我们释放自身的潜能。

第一个要素是细腻地描述情感颗粒度。正如托德·卡什丹（Todd Kashdan）和他的同事们所发现的，这是一项至关重要的技能。那些能够用细致入微的语言来表达自己情感的人（"我对这次面试感到很焦虑，但也感到兴奋和充满活力！"），比那些把所有情感都混为一谈的人（"我对这次面试感到超级紧张！"），在各方面都会获得更好的结果。事实证明，能够描述情感的细微变化的人，可以更快地从挫折中恢复过来，更善于管理他们的焦虑和悲伤，而且通常还可以更好地应对生活中意想不到的困难（甚至会少喝酒、少生气）。⑤我们要留意，简化对情感的描述是如何为我们搭建误区的。我们不仅需要看到外在世界的复杂性，也需要看到内在情感的复杂性。

第二个要素是将我们丰富的情感视为数据。有些形式的正念练习可以帮助我们察觉到自己的情感，感受情感颗粒度，然后留意我们对这些情感做出的评判，而这些评判往往和我们的控制欲有关。我们是将愤怒视为一种"消极"或"幼稚"的情绪，搁置一旁，还是将它视为一条有用的线索，找到我们在哪些重要方面受到了侵犯？我们是将悲伤视为拖累我们的沉重负担，还是将它视为联结你我的一条通道？虽然有些情感会或多或少地令人感到愉快，但是在一个复杂的世界里，不去评判情感本身是好是坏，会对我们非常有帮助。

我们的神经系统是为一个更容易预测、变化缓慢的世界而设计的。变化的速度和速率必定会激活我们的神经系统，告诉我们周围存在的危险和威胁，这让我们的身体充满皮质醇。这种激素在逃离狮子时非常有用，但如果我们日复一日地、大剂量地分泌它，就可能中毒。⑥我们越能看清和理解我们的情感，而不是被情感左右，就越容易摆脱这个复杂世界里的所有心智误区。

维姆拉（Vimla）认为自己是一个快乐的人。为了保护自己这个形象，她忽视一切悲伤、愤怒或恐惧的迹象。每当这些她不愿接受的情感悄悄来袭时，她会试着控制自己的处境或反应，或双管齐下。她会开个玩笑或换个话题，如果都不起作用，那么她就干脆远离让她痛苦的事情。作为一名团队经理，她在维持团队士气方面是冷酷无情的。在每周的会议上，她不允许有任何看似不同的意见，会哄劝团队成员达成表面上的一致。一位医生告诉她，她的血压已经高到离谱，她的身体承受着无法想象的压力。她开始寻求帮助来缓解压力，并发现自己陷入了渴望掌控和盲目达成共识的心智误区。她的心理咨询师教她把消极的情感视为生活的一个方面。虽然消极的情感没有积极的情感那么有趣，但它们同样是至关重要的。当逐渐察觉到自己情感的微妙变化时，她发现自己仍然可以是一个乐观的人，同时拥有更细腻的情感。自从意识到情感的丰富性后，维姆拉处理团队成员分歧的能力变得越来越强。她为身边那些感到悲伤、愤怒或恐惧的人提供了更多帮助，成了一位更好的朋友、更好的母亲以及更好的管理者。

练习：当注意到有一种强烈的情感油然而生时，你想象它是由许多不同颜色的情感编织而成的。看看你是否可以解开它，将不同颜色的情感一字排开。把对负面反馈的愤怒感解开后可能会出现：羞耻、愤慨、感激，还有联结与改变的意愿。你如果能看到一种情感实际上是许多情感的交织，就能更好地处理你的每一种情感（尤其是消极的情感）。解开这些交织的情感，不加评判，你可以从那些简化的故事中解脱出来，放开对掌控全局的渴望，并找到走出心智误区的方法。

与我们对自己及他人的仁爱（compassion）建立联结

阶梯上的前三条横档将我们与自身至关重要的组成部分联结了起来。第四条横档则将我们彼此联结在一起。在一个日益复杂的世界里，如果每一个人与我们让世界变得更美好的热情联结到一起，就能提高我们的身心健康，提升我们的幸福感，那么仁爱，也就是人类共同的感情，就是社会联结的纽带。

每一种心智误区都是我们人类的特质之一，它深深地植根于我们的身体和大脑中，让我们永远无法逃脱它们的桎梏。我们如果把这些特质视作自己或他人的缺陷，就会有挫败感。挫败和学习并不能兼容，甚至会妨碍我们注意到自己已经陷入误区，更不用说从中逃脱了。但是，如果我们把这些特质视作人性的核心，而且意识到它们往往对我们是有益的，那么我们就会以仁爱之心面对彼此。

我们在看到镜子中的自己时，也是同理。如何以仁爱之心对待自己是一个较新的研究领域。但是该领域的研究表明，这样做对我们深度关注的事物有着广泛而多样的影响。我们包容自身缺点与接纳自己的能力，与情感健康、动机、健康行为、个人责任、应变能力和更好的人际关系都是有关联的。⑦

对他人的仁爱可以帮助我们以开放、好奇、善良的心态，不带任何评判地，与他人建立联结。对自己的仁爱也是如此，只不过我们是以开放、好奇、善良的心态，不带任何评判地与自己建立联结。这就为我们创造了条件，让我们从自己难以避免的错误中学习，而不是一味地沉溺于羞耻感中（羞耻感在我们试图从错误中学习的时候是毫无帮助的）。

道格（Doug）是一家公司的首席执行官，这家公司在一项技术上投下了巨大的赌注，然后却在众目睽睽之下以失败告终，让公司蒙羞。负责这个项目的团队将这个世界看得过于简单，在推出行业最新的重大技术的过程中，他们陷入了感觉正确和简化故事的心智误区。随着技术的失败，他们在误区中越陷越深。更糟糕的是，他们又陷入了渴望掌控的心智误区，认为其他人对那些出了问题的事情有更多的掌控权。之前拘泥于保持一致的团队突然转向自我保护和两极分化，而且他们的简化故事讲的是，其他人如果在当时做出了不同的选择，就会为团队带来不同的结果。团队成员之间的互动变成了责备和羞辱。道格意识到："我需要找到一种方法来帮助他们发现对自己和对彼此的仁爱，否则我们不仅会因为一款产品的失败而给公司带来经济损失，还会失去汲取经验教训的机会。"道格与团队成员展开了交流，仔细倾听他们的意见（为了学习而倾听，并非为了解决问题而倾听）。他注意到了他们陷入的心智误区，并温和地向他们指出了这些误区，提醒他们这些误区都是人性的特质，而且在一个复杂的世界中进行预测和控制何其困难。通过强调对自己和他人的仁爱，他帮助团队用复杂的故事代替简化的故事，使他们放下对控制的执念，让他们看到自己的失败不是耻辱，而是站在行业前沿努力探索的过程。他的仁爱帮助团队成员走出了心智误区，他的支持帮助他们将失败的耻辱转化为学习的动力，让这个沮丧气馁的团队重新振作了起来。

每一种联结，无论是与我们的人生目标建立联结，还是与我们的身体建立联结，与我们的情感建立联结，与我们对自己和他人的仁爱建立联结，都能帮助我们脱离心智误区，成就更伟大的自己。我们没有办法完全摆脱这些误区，因为我们已经依赖它们太久了。但是我们可以通过日常的练习来构建阶梯，帮助我们在一开始陷入误区的时候从中脱离出来。当开始练习的时候，我们会成为更好的自己，更加包容人性的弱点，并获取人生的智慧。（汇总见表2）

表 2　构建阶梯的四条横档

阶梯的横档	如何搭建横档
与我们的人生目标建立联结	超越自我，让深度的喜悦和世界迫切的需求彼此相互满足，播种让你实现人生目标的种子
与我们的身体建立联结	观察你表里的变化，警觉影响你感受的心智误区
与我们的情感建立联结	尽力辨识交织的复杂情感，避免过度简化故事，以及避免因为控制欲得不到满足而产生无益的情绪反应
与我们对自己和他人的仁爱建立联结	你可能会陷入任何一种心智误区，但请记住，你是整个人类或伟大或失败的一部分。我们越是珍视自身与他人的丰富性，就越能轻松快速地摆脱各种心智误区的桎梏

马克向最后一名团队成员道别后，回到客厅。勒罗伊和艾莉森正在享用剩下的新西兰黑比诺葡萄酒。男孩们已经在沙发上睡着了，女孩们在地下室玩游戏，偶尔发出咯咯的笑声。

"所以你怎么看，勒罗伊？"艾莉森轻声问，"我们今晚一直谈论建构走出心智误区的阶梯，但是我仍然认为我们遗漏了些什么。在你看来，关于这些心智误区，我们无论如何都需要铭记于心的有哪些方面？"

勒罗伊异常严肃地凝视着不远处，沉默了几分钟，抿了一小口酒，思索着这个问题："我认为最重要的是要记住，我们比看起来要更加强大。在更容易预知的世界里，只有非常有权力的人才有机会施展巨大的影响力。大部分人只是简单地生活、工作，然后离开这个世界。他们除了自己的子孙后代，没有留下太多足迹。他们的子孙后代成了我们的祖先。但是现在，事物之间的相互联系如此纷繁复杂，发展如此迅速，我们每个人都能对世界产生影响，我们的影响力远远超出了家庭的范畴。"

"人类的影响力不是一直都不仅局限于家庭的范畴吗？"马克好奇地问。

"是的，当然，更正一下，"勒罗伊说，"但是在过去，真正能有惊天动地的影响力的，是那些拥有最高权力的人。艾莉森，你可以在 AN&M 看到，现在每个人都可以拥有产生巨大影响力的能力，一些人身上的微小转变可以导致截然不同的结果。"

"没错，"艾莉森表示赞同，"说实话，我简直不敢相信变革项目的进展会如此顺利。我发现一些小规模的试验往往最能说明问题。比如，我们在公共厨房里放了几盘水果，上面写着'请在这里享用我，不要把我带回你的办公桌'的标语，人们便开始站在一起享用水果和零食。这让普通的公共厨房变成了社交聚会的新场所。我从没想过几盘水果会带来这种转变。"

"这就是问题所在，对吧？"勒罗伊双眼炯炯有神地说："当复杂性和不确定性给我们带来厄运时，比如，突如其来的市场衰退、意外的裁员、令人感到震惊的疾病，我们就会集中精力关注这些遭遇。但事实上，伴随着恐惧、复杂性和不确定性，我们还迎来了意料之外的喜悦。就像这些心智误区让我们感到自己很渺小、需要受到保护一样，摆脱这些心智误区的桎梏可以释放我们的潜能，为推陈出新创造条件，比如说，通过深度聆听和赋予他人能量，凝心聚力，成就一番不平凡的事业。我不知道人类的下一个篇章将如何开启，有时我也心存忧虑。不过，我更是满怀希望，因为我知道，就像一小部分人可以制造一场灾难一样，一小部分人也能够引领一场变革，给这个世界带来美好。"

"我同意，"艾莉森补充道，"我认为这些脱离心智误区的练习不仅让我更加成功，也让我变得更加包容，更富有同理心，更加善解人意。我觉得通过不断地练习，我成了更高效的领导者，更有耐心的母亲。我自己也变得更快乐了。"

"啊，要是能把这些练习制作成药丸就好了……"马克喃喃自语。

"从我一开始给你讲心智误区起，你就想要这种灵丹妙药了!"勒罗伊举起枕头假装威胁地说。

"我只是开个玩笑!"马克边说边假装害怕，蜷缩起身体："如果有这种灵丹妙药，我一定服用。但事实证明，我也可以通过身体力行的改变让我的工作更加出色。"

"还有让你的婚姻更加幸福。"艾莉森提醒他。

"还有让我的婚姻更加幸福。"马克服从地重复了一遍。

就在这时，两个女孩厌倦了楼下的游戏，声嘶力竭地唱着"小白鲸"跑进了客厅。男孩们被吵醒，哭了起来。泰特起身的动作太快了，导致马克将红酒洒在了两个孩子身上，这让泰特哭得更厉害了。内奥米也接着哭了起来，她显然是累了，需要睡觉休息。大人们赶忙分工合作，一个人抱着孩子安慰，一个人拿来毛巾和苏打水准备去除葡萄酒留下的污渍，一个人帮孩子把芭蕾舞裙换成了牛仔裤并穿上了运动鞋。

马克陪伴勒罗伊走向他的车，怀里抱着勒罗伊的女儿。勒罗伊先给熟睡的儿子系上了安全带。"嘿，勒罗伊!"两个孩子的安全带已经被系好，头都侧向一边入睡。马克说道："我真的很感激你所付出的一切，包括你对我工作上的帮助，和我们生活中的友谊。我认为，在我们的共同努力下，无论是在工作上还是在家庭中，都有了新突破。"

"正因为这样才值得，不是吗?"勒罗伊道，"当我们终于意识到你的人生价值是减轻人们生活的沉重感，让大家活得更轻松快乐一些时，一切都清晰明朗了。而且在我看来，你每天都在努力地活出你的价值。"

"下一站，正念!"马克笑着说，"等我清空了收件箱的邮件之后，仅仅剩下 18643 条未读信息需要处理，然后就轮到你关于正念的邮件了。"

勒罗伊翻了个白眼，钻进了车里。"要知道，马克，人可以做出改变，"勒罗伊说，"只是有时不愿改变。"

汽车开走的时候，马克还在微笑。

踏上我们的心智进化之路

我们永远无法摆脱这个复杂世界里所有的心智误区。世界发展变化的速度，远远超过了我们可怜的进化系统的应变速度。生活中模棱两可、捉摸不定的难题层出不穷。我们在困难中砥砺前行。或许这就是问题的关键所在。长久以来，人类始终直面挑战，超越障碍，不断地征服未知的领域，包括学会取火，建造教堂，建造摩天大楼，治愈小儿麻痹症。

人类面临的挑战愈加艰巨。正如加利福尼亚州科学院前任院长乔纳森·福利(Johnathan Foley)所说："纵观人类历史，地球庞大，而人类渺小。"在人类历史的大部分时间里，支持和保护家庭、村庄、国家都事关重大。福利告诉我们："如今，我们人类变得十分强大，而地球却突然变得渺小和脆弱。"⑧我们第一次面临着保护和维护地球上所有生命的挑战。

这一挑战意味着我们需要独辟蹊径，来摆脱那些越来越普遍，越来越危险的心智误区。无论是成家还是立业，我们都要面对一个应接不暇的复杂世界。我们撰写简化的故事，认为自己是正确的，渴望与自己团队的成员和睦相处(同时排斥其他团队的成员)，希望掌控局面，锲而不舍地保护和捍卫自己的形象。这一切将永远伴随我们，因为这些特质已经成了人类伟大的一部分。但如果我们不努力摆脱这些特质所带来的困扰，它们将最终成为人类衰败的一部分。

我们的生理反应向我们发出了要简化、要保护、要携手反抗的信号，以确保我们的安全。这类本能反应在一个充满可怕敌人和危机四伏的简单世界里是必不可少的。然而，我们目前所处的世界高度互联，太过复杂，又充满太多不确定性，我们不能继续依靠这类古老的驱动力。我们正站在一个历史性时刻，要追随使命，拒绝那些根深蒂固的心智误区，理解和包容复杂性，质疑我们的本能反应，并热爱我们的人性。现在，我们需要选择一种未来，超越恐惧去建立联结，突破舒适圈去拥抱复杂世界的挑战与馈赠。我们超越本能反应的能力，可能会塑造我们这个物种的未来。在前往未来的旅途中，我们抵制心智误区的诱惑，遇见更伟大的自己，让史无前例的复杂问题在人类智慧所闪耀的锋芒中迎刃而解。

注　释

导言

①　我认为香菜(或者香菜叶)的味道像肥皂一样，因此，如果你邀请我共进晚餐的话，请不要在汤里加香菜。但是我喜欢用一个案例贯穿全书的写法。

第一章　心智误区的由来

①　K. Shultz，*On Being Wrong*：*Adventures at the Margin of Error* (New York：HarperCollins，2010).

②　R. Kegan and L. Lahey，*An Everyone Culture*：*Becoming a Deliberately Developmental Organization* (Cambridge，MA：Harvard Business School Press，2016).

第二章　简化故事的心智误区

①　Y. N. Harari，*Sapiens*：*A Brief History of Humankind* (New York：HarperCollins，2015).

②　对了，这位旗帜爱好者是我的挚友基思·约翰斯顿，他是《复杂时代的简单习惯》的合著者。基思是一个古怪的家伙，藐视简单的故事，而他的高中校长很早就陷入了这个心智误区之中。我深深地感谢他的校长没能把基思也拉进误区中(虽然我们知道，我们当中的很多人都受到过家长以及早期教育工作者的影响，被过于简单的故事所误导)。

③ 接下来的这段文字可谓是锦囊佳句：渴望将陌生的事物同化为我们所熟悉的事物，乃人之常情；我是谁？能幸免于此吗？但是，这真不是研究历史的好方法。好的方法会引导读者在陌生中寻找熟悉，在熟悉中寻找陌生。历史如咆哮的洪流。浪潮滚滚，一波接着另一波，雷霆万钧。或者，历史的波浪互相抵充，终至衰减消退。又或者，历史的波浪卷成旋涡，毫无方向，犹如海洋的表面，无法掩盖水下涌动的暗流。

④ D. Kahneman，*Thinking Fast and Slow*（New York：Farrar, Straus & Giroux，2011）

⑤ Kahneman，*Thinking Fast and Slow*.

⑥ Kaheman，*Thinking Fast and Slow*.

⑦ P. Coleman，*The Five Percent Solution：Finding Solutions to Seemingly Impossible Conflicts*（New York：Public Affairs，2011）.

第三章　感觉正确的心智误区

① R. A. Burton，*On Being Certain*（New York：St. Martin's Press，2008）.

② Thanks to Pulitzer Prize-winning Kathryn Shultz for this question（from her TED talk）and for her fantastic book *On Being Wrong*.

③ Kahneman，*Thinking Fast and Slow*.

④ Shultz，*On Being Wrong*.

第四章　渴求共识的心智误区

① 我认为利伯曼的研究成果属于神经科学迄今为止最出人意料的发现之一。他的研究表明，如果在接触社会疼痛之前服用泰诺，会减少你的社会疼痛！但是，请切勿在生活中尝试，因为每一种止痛药都会对我们的胃或肝脏造成或多或少的恶性影响。因此，这并不是一种有用的自我治疗的方式，虽然这个发现蛮有趣的。

② 不过，这种心智误区不仅仅存在于健康的、像家人一样的组织文化

中。即使在恶劣的组织文化中，也能看到，员工之间在公共场合的所有互动几乎都是彬彬有礼的。礼貌之余，他们会在走廊讨论问题的时候，互相抨击。

③ D. Coylc, *The Culture Code：The Secrets of Highly Successful Groups* (New York：Bantam，2018).

④ Y. Li Lu, C. Yuan, and P. Lauretta McLeod, "Twenty-Five Years of Hidden Profiles in Group Decision Making：A Meta-analysis," *Personality and Social Psychology Review*, 16, no. 1 (2012)：54－75.

⑤ Lieberman, *Social*.

⑥ Coleman, *Five Percent Solution*.

⑦ R. P. Vallone, L. Ross, and M. R. Lepper, "The Hostile Media Phenomenon：Biased Perception and Perceptions of Media Bias in Coverage of the Beirut Massacre," *Journal of Personality and Social Psychology* 49, no. 3 (September 1985)：577－585.

⑧ 凯瑟琳是高管教练领域中的先驱，撰写过两本关于领导力以及教练的书籍。这是她与我分享过的最有用的问题之一。鉴于她是我的母亲，这也是她对我最好的忠告。

第五章　渴望掌控的心智误区

① For more on this, see Bandura's wide body of work. You could start with A. Bandura, "Social Cognitive Theory：An Agentic Approach," *Annual Review of Psychology* 52 (2001)：1－26.

② Bandura, "Social Cognitive Theory," 1.

③ A. Meekings, S. Briault, and A. Neely, "How to Avoid the Problems of Target-Setting," *Measuring Business Excellence* 15, no. 3 (2011)：86－98; J. Seddon, *Systems Thinking in the Public Sector：The Failure of the Reform Regime... and a Manifesto for a Better Way* (Triarchy Press, 2008); and S. Shorrock and T. Licu, "HindSight 17,"

Eurocontrol，July 2013.

④ 这种心智误区影响着我们的政治领域。英国的"脱欧"就是为了重新获得控制权，而英国的控制权是被经济全球化而非欧盟夺走的。有一次在飞机上，我的邻座认为加州（加利福尼亚州）州长应该辞职。我问道："杰里·布朗（美国加州州长）有什么不好？""如果他好"，我的邻座说，"为什么加州还有这么多野火?"这是个典型的例子，当生活令我们感到恐惧失控时，我们会归咎于人。

⑤ Coleman，*Five Percent Solution*.

第六章　捍卫自我的心智误区

① Thanks to Brene Brown for daring to get us in touch with our need for vulnerability. B. Brown，*Daring Greatly：How the Courage to Be Vulnerable Transforms the Way We Live，Love，Parent，and Lead* (New York：Penguin Group，2012).

② J. Quoidbach，D. Gilbert，and T. Wilson，"The End of History Illusion," *Science* 229 (2013)：96－98.

③ J. Holmes，*Nonsense：The Power of Not Knowing* (New York：Crown Books，2015)，224.

④ Kegan and Lahey，*Everyone Culture*，1.

⑤ J. G. Berger，*Changing on the Job：Developing Leaders for a Complex World* (Stanford，CA：Stanford Business Books，2012)；Robert Kegan，*In Over Our Heads：The Mental Demands of Modern Life* (Cambridge，MA：Harvard University Press，1994)；D. Fisher，D. Rooke，and W. Torbert，*Personal and Organisational Transformations：Through Action Inquiry* (Edge \ Work Press，2003).

⑥ For a really interesting take on this idea, see H. Ibarra，"The Authenticity Paradox," *Harvard Business Review*，2015.

⑦ 我在《领导者的意识进化》这本书中更详细地描述了这个过程。

第七章 构建脱离心智误区的阶梯

① J. G. Berger and K. Johnaston, *Simple Habits for Complex Times*: *Powerful Practices for Leaders*（Stanford，CA：Stanford University Press，2014）.

② 在此，我要感谢当天在场的领导者们，尤其是克尔斯滕·邓洛普和马克·莱因克(Mark Reinke)。他们知道了我的诊断结果之后，主动站出来，要求接替我的工作。当我决定由自己来完成工作时，他们便在我的身旁，为我提供支持。那天，我有许多收获，其中一分收获就是，他人的大力支持可以让我的前进道路不再那么曲折。

③ 我就金钱这个课题进行了研究，其结果可能会出人意料(除非你已经阅读过了这些研究报告)。它表明：正如你所期待的那样，金钱对于我们的幸福来说至关重要，因为金钱可以让我们摆脱贫困实现温饱，然而，一旦我们成了中产阶级，有了足够的金钱来满足吃住以及基本生活需求，我们就不会因为追求更多金钱，而收获更多幸福。

④ T. Kashdan, L. Feldman Barrett, and P. McKnight, "Unpacking Emotion Differentiation: Transforming Unpleasant Experience by Perceiving Distinctions in Negativity," *Current Directions in Psychological Science* 24，no. 1 (2015)：10—16.

⑤ 我非常喜欢的一本书剖析了这个问题。这本书是由麦克阿瑟天才奖的获得者罗伯特·萨波斯基(Robert M. Sapolsky)所著的《为什么斑马不得胃溃疡》，被列入了我的"荒岛"书单。

⑥ K. D. Neff and O. Davidson, "Self-Compassion: Embracing Suffering with Kindness," in *Mindfulness in Positive Psychology*, ed. I. lvtzan and T. Lomas，37—50 (Routledge, 2016).

⑦ 个人通信。

参考文献

Bandura，A. 2001. "Social Cognitive Theory：An Agentic Approach."*Annual Review of Psychology*，52，1－26.

Berger，J. G. 2012. *Changing on the Job：Developing Leaders for a Complex World*，Stanford，CA：Stanford Business Books.

Berger，J. G. and K. Johnston. 2014. *Simple Habits for Complex Times：Powerful Practices for Leaders*. Palo Alto：Stanford University Press.

Brown，B. 2012. *Daring Greatly：How the Courage to be Vulnerable Transforms the Way We Live，Love，Parent，and Lead*. New York：Penguin Group.

Burton，R. A. 2008. *On Being Certain*. New York：St Martin's Press.

Coleman，P. 2011. *The Five Percent Solution：Finding Solutions to Seemingly Impossible Conflicts*. New York：Public Affairs.

Coyle，D. 2018. *The Culture Code：The Secrets of Highly Successful Group*. New York：Bantam Books.

Fisher，D.，D. Rooke，& W. Torbert. 2003. *Personal and Organisational Transformations：Through Action Inquiry*，Edge \ Work Press.

Harari，Y. N. 2015. *Sapiens：A Brief History of Humankind*. New York：HarperCollins.

Holmes，J，2015，*Nonsense：The Power of not Knowing*. New York：Crown Books.

Ibarra，H. 2015. "The Authenticity Paradox."*Harvard Business Review*.

Kahneman，D. 2011. *Thinking Fast and Slow*. New York：Farrar，Straus & Giroux.

Kashdan，T.，L. Feldman Barrett，and P. McKnight. 2015. "Unpacking Emotion Differentiation：Transforming Unpleasant Experience by Perceiving Distinctions in Negativity."*Current Directions in Psychological Science* 24，no. 1：10－16.

Kegan，R.. 1994. *In Over Our Heads：The Mental Demands of Modern Life*.

Cambridge, MA: Harvard University Press.

Kegan, R., and L. Lahey. 2016. *An Everyone Culture: Becoming a Deliberately Developmental Organization*. Cambridge, MA: Harvard Business School Press.

Li Lu, Y., C Yuan and P. Lauretta McLeod. 2012. "Twenty-five Years of Hidden Profiles in Group Decision Making: A Meta-analysis." *Personality and Social Psychology Review* 16, no. 1: 54—75.

Lieberman, M. 2013. *Social: Why Our Brains Are Wired to Connect*, New York: Crown Books.

Neff, K. D., and O. Davidson. 2016. "Self-compassion: Embracing Suffering with Kindness." In *Mindfulness in Positive Psychology*, ed. I. Ivtzan and T. Lomas, 37—50. Rutledge.

Quoidbach, J., D. Gilbert, and T. Wilson. 2013. "The End of History Illusion." *Science* 229: 96—98.

Sapolsky, R. M. 2004. *Why Zebras Don't Get Ulcers: The Acclaimed Guide to Stress, Stress-Related Diseases, and Coping*, 3rd. New York: Holt Paperbacks.

Shultz, K. 2010. *On Being Wrong: Adventures at the Margin of Error*. New York: Harper Collins.

Vallone, R. P, L. Ross, and M. R. Lepper. 1985. "The Hostile Media Phenomenon: Biased Perception and Perceptions of Media Bias in Coverage of the Beirut Massacre." *Journal of Personality and Social Psychology*. 49, no. 3: 577—585.

Unlocking Leadership Mindtraps：How to Thrive in Complexity，by Jennifer Garvey Berger，published in English by Stanford University Press.

Copyright © 2019 by the Board of Trustees of the Leland Stanford Junior University. All rights reserved. This translation is published by arrangement with Stanford University Press.

www. sup. org

版登号：01-2020-6100

北京市版权局著作合同登记号：图字：01-2020-6100

图书在版编目（CIP）数据

走出心智误区：直面复杂世界的领导力 ／（爱）珍妮弗·加维·贝格著；杨毅译 . —北京：北京师范大学出版社，2021.12（2025.3 重印）

（组织学习与进化丛书）

ISBN 978-7-303-27113-9

Ⅰ.①走… Ⅱ.①珍… ②杨… Ⅲ.①心理学－通俗读物 Ⅳ.①B84－49

中国版本图书馆 CIP 数据核字（2021）第 142304 号

ZOUCHU XINZHI WUQU ZHIMIAN FUZA SHIJIE DE LINGDAOLI

出版发行：北京师范大学出版社　www. bnupg. com
　　　　　北京市西城区新街口外大街 12-3 号
　　　　　邮政编码：100088

印　　刷：北京虎彩文化传播有限公司
经　　销：全国新华书店
开　　本：710 mm×1000 mm　1/16
印　　张：7.75
字　　数：135 千字
版　　次：2021 年 12 月第 1 版
印　　次：2025 年 3 月第 3 次印刷
定　　价：48.00 元

策划编辑：周益群　　　　　　　　责任编辑：张　爽
美术编辑：李向昕　　　　　　　　装帧设计：李向昕
责任校对：段立超　　　　　　　　责任印制：马　洁

读者服务电话：010-58806806
如发现印装质量问题，影响阅读，请联系印制管理部：010-58806364